INVENTAIRE
Y² 14966

LES

CONTES

CHOISIS

DE

MADAME D'AULNOY

illustrés de Lithographies

PAR J.-C. DEMERVILLE ET C. DELHOMME

et de Dessins sur Bois

PAR GAVARNI, GENIOLE
ET DEMERVILLE

1847

CONTES CHOISIS

DE

MADAME D'AULNOY

Imprimerie de Gustave GRATIOT, 44, rue de la Monnaie.

Lith. Fernique & Cie

MADᵉ D'AULNOY.

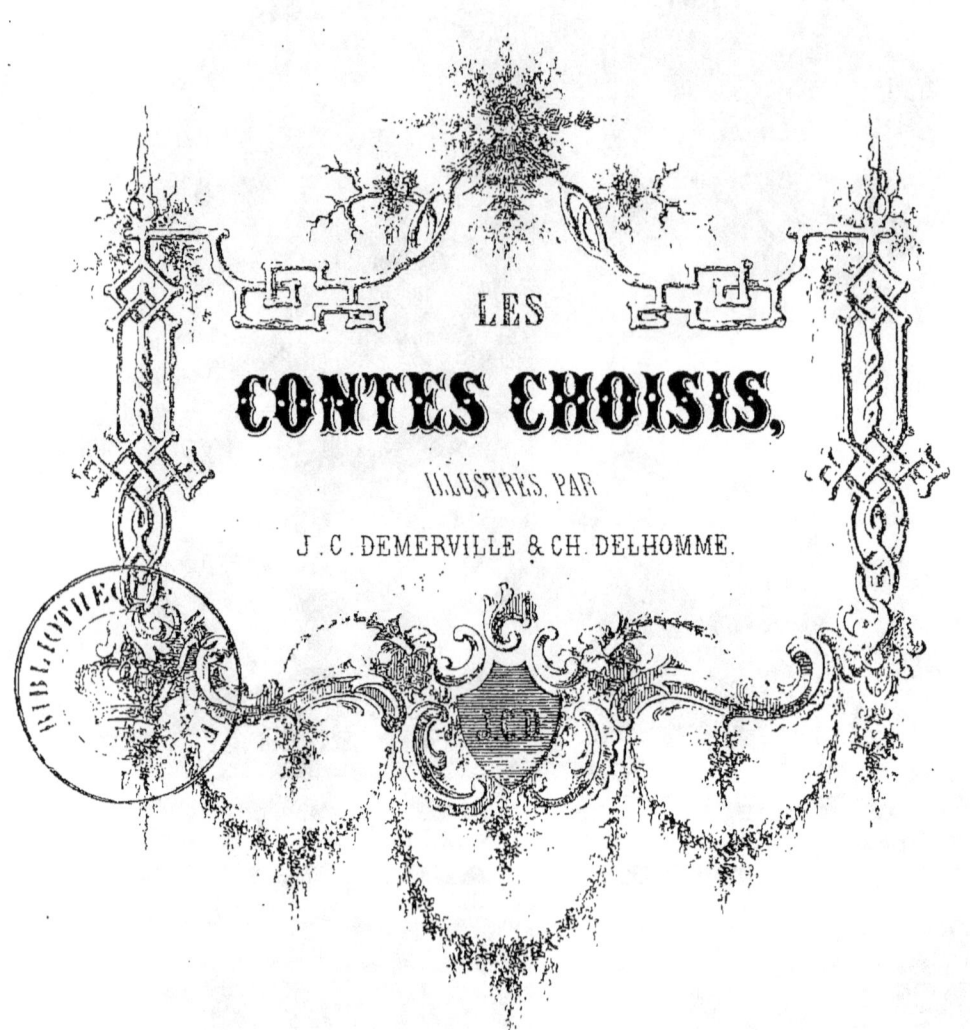

LES CONTES CHOISIS,

ILLUSTRÉS PAR

J. C. DEMERVILLE & CH. DELHOMME.

BELIN-LEPRIEUR & MORIZOT.

RUE PAVÉE Sᵗ ANDRÉ, 5.

PARIS — 1847.

Lith. Pernuque & Cⁱᵉ

TABLE.

	Pages.
Notice sur madame D'Aulnoy.	v
La Belle aux Cheveux d'Or.	1
La Rameau d'Or.	19
La Bonne Petite Souris.	55
Le Mouton.	77
La Princesse Rosette.	129
L'Oiseau Bleu.	151
La Chatte Blanche.	193

NOTICE

SUR

MADAME D'AULNOY

E succès prodigieux des *Contes des Fées* de Perrault fit naître une foule d'imitateurs ; les éditeurs de ce temps-là demandaient des contes de fées à tous les ouvriers littéraires un peu en vogue, et comme il arrive toujours en pareille circonstance, le chef-d'œuvre enfanta mille pastiches médiocres et ridicules.

Madame D'Aulnoy est à peu près le seul des imitateurs de Perrault dont les contes sont restés populaires et ont survécu à cet engouement passager. On ne saurait disconvenir cependant qu'il y eut entre le copiste et le modèle une différence notable. Madame la comtesse d'Aulnoy justifie un peu trop le reproche qu'on a l'habitude d'adresser aux personnes de son sexe; ses récits sont attachants, mais en général beaucoup trop longs et remplis de détails inutiles. Nous avons cru pouvoir corriger ce défaut dans la nouvelle édition des contes choisis que nous publions aujourd'hui.

Marie-Catherine-Jumelle de Berneville, comtesse D'Aulnoy, était déjà connue par différentes publications, quand elle donna ses *Contes des Fées;* on a d'elle un roman qui se lit encore, l'*Histoire d'Hippolyte, comte de Duglas.* Madame D'Aulnoy passa une partie de sa vie à la cour d'Espagne; elle fit paraître en 1692 deux volumes de Mémoires sur cette cour. Elle se livra encore à d'autres travaux historiques peu estimés.

C'est une chose digne de remarque que Perrault et madame D'Aulnoy ne doivent leur célébrité qu'à celui de leurs écrits auquel ils attachaient le moins d'importance. Qui se souviendrait aujourd'hui de ces deux auteurs s'ils n'avaient fait leurs *Contes des Fées?*

Une circonstance dramatique marqua la vie de madame la comtesse D'Aulnoy. Le comte son mari fut accusé du crime de lèse-majesté par trois imposteurs. Son procès fut instruit. Les accusateurs maintenaient leurs premières dépositions. La perte du comte paraissait certaine : il était sur le point d'être condamné à mort, quand madame D'Aulnoy décida par son éloquence entraînante et son désespoir un de ces malheureux à rétracter sa calomnie. Elle eut ainsi le bonheur et la gloire de sauver son époux.

Madame D'Aulnoy vécut presque toujours à la cour et dans la plus haute société, où son esprit la faisait rechercher; elle fut l'amie des hommes les plus distingués de son temps. Elle mourut à Paris, à l'âge de 55 ans, en 1705. La postérité l'a placée au-dessous de Perrault, comme elle a mis Florian à la seconde place après La Fontaine.

Madame la comtesse D'Aulnoy était la nièce de madame Desloges, que son esprit rendit célèbre sous Louis XIII, et elle fut mère de madame De Héere, qui acquit aussi une honorable célébrité.

LA BELLE AUX CHEVEUX D'OR.

LA BELLE AUX CHEVEUX D'OR.

Il y avait une fois la fille d'un roi qui était si belle, qu'il n'y avait rien de plus beau au monde; et par cette raison, on la nommait la Belle aux Cheveux d'Or : car ses cheveux étaient plus fins que l'or, et blonds par merveille, tout frisés, et si longs, qu'ils lui tombaient jusque sur les pieds. Elle allait toujours couverte de ses cheveux bouclés, avec une couronne de fleurs sur la tête, et des habits brodés de diamants et de perles, de sorte qu'on ne pouvait la voir sans l'aimer.

Il y avait un jeune roi de ses voisins qui n'était point

marié : il était bien fait et fort riche. Quand il eut appris tout ce qu'on disait de la Belle aux Cheveux d'Or, bien qu'il ne l'eût point encore vue, il se prit à l'aimer si fort, qu'il se détermina à la faire demander en mariage. Il fit faire un carrosse magnifique à son ambassadeur ; il lui donna plus de cent chevaux, autant de laquais, et lui recommanda bien de lui amener la princesse.

Quand il eut pris congé du roi et qu'il fut parti, toute la cour ne parlait d'autre chose ; et le roi, qui ne doutait pas que la Belle aux Cheveux d'Or ne consentît à ce qu'il souhaitait, lui faisait déjà faire de belles robes et des meubles admirables. Pendant que les ouvriers étaient occupés à travailler, l'ambassadeur, arrivé chez la Belle aux Cheveux d'Or, lui fit son petit message : mais, soit qu'elle ne fût pas ce jour-là de bonne humeur, ou que le compliment ne lui semblât pas à son gré, elle répondit à l'ambassadeur qu'elle remerciait le roi, et qu'elle n'avait point envie de se marier.

L'ambassadeur partit de la cour de cette princesse, bien triste de ne la pas amener avec lui ; il rapporta tous les présents qu'il lui avait portés de la part du roi ; car elle était fort sage et savait bien qu'il ne faut pas que les filles reçoivent rien des garçons ; aussi elle ne voulut pas recevoir les beaux diamants que le roi lui envoyait.

Quand l'ambassadeur revint à la cour du roi son maître, où il était attendu très impatiemment, chacun s'affligea de ce qu'il n'amenait point la Belle aux Cheveux d'Or, et le roi eut tant de chagrin, qu'on ne pouvait venir à bout de le consoler.

Il y avait à la cour un jeune garçon qui était beau comme le soleil, et le mieux fait de tout le royaume : à cause de sa bonne grâce et de son esprit, on le nommait Avenant. Tout le monde l'aimait, hors les envieux, qui étaient fâchés que le roi lui fît du bien.

Avenant se trouva avec des personnes qui parlaient du retour de l'ambassadeur, et qui disaient qu'il n'avait rien fait qui vaille; il leur dit sans y prendre trop garde : Si le roi m'avait envoyé vers la Belle aux Cheveux d'Or, je suis certain qu'elle serait venue avec moi. Tout aussitôt ces méchantes gens vont dire au roi : Sire, vous ne savez pas ce que dit Avenant? Que si vous l'aviez envoyé chez la Belle aux Cheveux d'Or, il l'aurait ramenée. Considérez bien sa malice, il prétend être plus beau que vous, et qu'elle l'aurait tant aimé, qu'elle l'aurait suivi partout. Sur ce récit, le roi se mit dans une si furieuse colère, qu'il était hors de lui. Ha! ha! dit-il, ce joli mignon se moque de mon malheur, et il se prise plus que moi. Allons, qu'on le mette dans ma grosse tour, et qu'il y meure de faim.

Les gardes du roi furent chez Avenant, qui ne pensait plus à ce qu'il avait dit; ils le traînèrent en prison, et lui firent mille maux. Ce pauvre garçon n'avait qu'un peu de paille pour se coucher; et il serait mort sans une petite fontaine qui coulait dans le pied de la tour, dont il buvait pour se rafraîchir; car la faim lui avait bien séché la bouche.

Un jour qu'il n'en pouvait plus, il disait en soupirant : De quoi se plaint le roi? il n'a point de sujet qui lui soit plus fidèle que moi; je ne l'ai jamais offensé. Le roi par hasard passait proche de la tour, et quand il entendit la voix de celui qu'il avait tant aimé, il s'arrêta pour l'écouter. Ayant ouï ses plaintes, les larmes lui en vinrent aux yeux, il fit ouvrir la porte de la tour, et l'appela. Avenant vint tout triste se mettre à genoux devant lui, et baisa ses

pieds : Que vous ai-je fait, sire, lui dit-il, pour me traiter si rudement? — Tu t'es moqué de moi et de mon ambassadeur, dit le roi. Tu as dit que si je t'avais envoyé chez la Belle aux Cheveux d'Or, tu l'aurais bien amenée. — Il est vrai, sire, répondit Avenant, que je lui aurais si bien fait connaître vos grandes qualités, que je suis persuadé qu'elle n'aurait pu s'en défendre; et en cela je n'ai rien dit qui ne vous dût être agréable. Le roi trouva qu'effectivement il n'avait point de tort; il regarda de travers ceux qui lui avaient dit du mal de son favori, et il l'emmena avec lui, se repentant bien de la peine qu'il lui avait faite.

Après l'avoir fait souper à merveille, il l'appela dans son cabinet, et lui dit : Avenant, j'aime toujours la Belle aux Cheveux d'Or, mais je ne sais comment m'y prendre pour qu'elle veuille m'épouser : j'ai envie de t'y envoyer pour voir si tu pourras réussir. Avenant répliqua qu'il était disposé de lui obéir en toutes choses, qu'il partirait dès le lendemain. Ah ça, dit le roi, je veux te donner un grand équipage. — Cela n'est point nécessaire, répondit-il, il ne me faut qu'un bon cheval avec des lettres de votre part. Le roi l'embrassa ; car il était ravi de le voir sitôt prêt.

Ce fut un lundi matin qu'il prit congé du roi et de ses amis, pour aller à son ambassade, tout seul, sans pompe et sans bruit. Il ne faisait que rêver aux moyens d'engager la Belle aux Cheveux d'Or d'épouser le roi ; il avait une écritoire dans sa poche, et quand il lui venait quelque belle pensée à mettre dans sa harangue, il descendait de cheval, et s'asseyait sous des arbres pour écrire, afin de ne rien oublier. Un matin qu'il était parti à la petite pointe du jour, en passant dans une grande prairie, il lui vint une pensée fort jolie ; il mit pied à terre, et se plaça contre des saules et des peupliers, qui étaient plantés le long d'une petite rivière qui coulait au bord du pré. Après qu'il eut écrit, il regarda de tous côtés, charmé de se trouver en un si bel endroit. Il aperçut sur l'herbe une grosse carpe dorée, qui bâillait et qui n'en pouvait plus ; car ayant voulu attraper de petits moucherons, elle avait sauté si haut hors de l'eau, qu'elle s'était élancée sur l'herbe, où elle était prête à mourir. Avenant en eut pitié, il fut la prendre, et la remit doucement dans la rivière. Dès que ma commère la carpe sentit la fraîcheur de l'eau, elle commence à se réjouir et se laisse couler jusqu'au fond ; puis revenant toute gaillarde au bord de la rivière : Avenant, dit-elle, je vous remercie du plaisir que vous venez de me faire ; sans vous je serais morte, et vous m'avez sauvée : je vous le revaudrai. Après ce petit compliment, elle s'enfonça dans l'eau, et Avenant demeura bien surpris de l'esprit et de la grande civilité de la carpe.

Un autre jour qu'il continuait son voyage, il vit un corbeau bien embarrassé : ce pauvre oiseau était poursuivi par un gros aigle ; il était près de l'attraper, et il l'aurait avalé comme une lentille, si Avenant n'eût eu compassion de cet oiseau ; puis mirant bien l'aigle, croc, il lui décoche une flèche dans le corps, et le perce de part en part ; il tombe mort, et le corbeau ravi vint se percher sur un arbre : Avenant, lui dit-il, vous êtes bien généreux de m'avoir secouru, moi qui ne suis qu'un misérable corbeau ; mais je n'en demeurerai point ingrat, je vous le revaudrai.

Avenant admira le bon esprit du corbeau, et continua son chemin. Un jour, en entrant dans un grand bois, si matin qu'il ne voyait qu'à peine à se conduire, il entendit un hibou qui criait en désespéré ; il chercha de tous côtés, et enfin il trouva de grands filets que des oiseleurs avaient tendus la nuit ; il tira son couteau et coupa les cordelettes. Le hibou prit l'essor ; mais revenant à tire d'ailes : Avenant, dit-il, j'étais pris, j'étais mort sans votre secours ; j'ai le cœur reconnaissant, je vous le revaudrai.

Voilà les trois plus considérables aventures qui arrivèrent à Avenant dans son voyage : il était si pressé d'arriver, qu'il ne tarda pas à se rendre au palais de la Belle aux Cheveux d'Or. Tout y était admirable ; l'on y voyait les diamants entassés comme des pierres, les beaux habits, l'argent, enfin les choses les plus merveilleuses ; et il pensait en lui-même, que si elle quittait tout cela pour venir chez le roi son maître, il faudrait qu'il jouât bien de bonheur. Il prit un habit de brocard, des plumes incarnates et blanches ; il se peigna, se poudra, se lava le visage ; il mit une riche écharpe toute brodée à son cou, avec un petit panier, et dedans un beau petit chien, qu'il avait acheté dans son chemin. Avenant était si bien fait, si aimable, et il faisait toutes choses avec tant de grâce, que lorsqu'il se présenta à la porte du palais, tous les gardes lui firent une grande révérence ; et l'on courut dire à la Belle aux Cheveux d'Or qu'Avenant, ambassadeur du roi son plus proche voisin, demandait à la voir.

Sur ce nom d'Avenant, la princesse dit à ses femmes : Donnez-moi ma grande robe de satin bleu brodée, éparpillez bien mes blonds cheveux, et faites-moi des guirlandes de fleurs nouvelles, car je veux qu'il dise partout que je suis vraiment la Belle aux Cheveux d'Or.

L'on conduisit Avenant dans la salle d'audience ; il demeure transporté d'admiration ; néanmoins il prit courage, et fit sa harangue à merveille : il pria la princesse qu'il n'eût pas le déplaisir de s'en retourner sans elle. Gentil Avenant, lui dit-elle, toutes les raisons que vous venez de me conter sont fort bonnes, et je vous assure que je serais bien aise de vous favoriser plus qu'un autre; mais il faut que vous sachiez qu'il y a un mois je fus me promener sur la rivière avec toutes mes dames, et comme l'on me servit la collation, en ôtant mon gant je tirai de mon doigt une bague qui tomba par malheur dans la rivière : je la chérissais plus que mon royaume ; je vous laisse juger de quelle affliction cette perte fut suivie : j'ai fait serment de n'écouter jamais aucune proposition de mariage, que l'ambassadeur qui me proposera un époux ne me rapporte ma bague. Voyez à présent ce que vous avez à faire là-dessus; car quand vous me parleriez quinze jours et quinze nuits, vous ne me persuaderiez pas de changer de sentiment.

Avenant demeura bien étonné de cette réponse; il lui fit une profonde révérence, et la pria de recevoir le petit chien, le panier et l'écharpe; mais elle lui répliqua qu'elle ne voulait point de présents, et qu'il songeât à ce qu'elle venait de lui dire.

Quand il fut retourné chez lui, il se coucha sans souper; et son petit chien, qui s'appelait Cabriolle, ne voulut pas souper non plus : il vint se mettre auprès de lui. Tant que la nuit fut longue, Avenant ne cessa point de soupirer. Où puis-je prendre une bague tombée depuis un mois dans une grande rivière, disait-il ? c'est toute folie de l'entreprendre. La princesse ne m'a dit cela que pour me mettre dans l'impossibilité de lui obéir : il soupirait et s'affligeait très fort. Cabriolle qui l'écoutait, lui dit : Mon cher maître, je vous prie, ne désespérez point de votre bonne fortune; vous êtes trop aimable pour n'être pas heureux : allons dès qu'il sera jour au bord de la rivière. Avenant lui donna deux petits coups de la main, et ne répondit rien ; mais tout accablé de tristesse, il s'endormit.

Cabriolle voyant le jour, cabriola tant qu'il l'éveilla, et lui dit : Mon maître, habillez-vous, et sortons. Avenant le voulut bien ; il se lève, s'habille, et descend dans le jardin, et du jardin il va insensiblement au bord de la rivière, où il se promenait son chapeau sur ses yeux et ses bras croisés l'un sur l'autre, ne pensant qu'à son départ, quand tout d'un coup il entendit qu'on l'appelait : Avenant, Avenant. Il regarde de tous côtés et ne voit personne ; il crut rêver. Il continue sa promenade ; on le rappelle : Avenant, Avenant. — Qui m'appelle ? dit-il. Cabriolle, qui était fort petit, et qui regardait de près dans l'eau, lui répliqua : Ne me croyez jamais, si ce n'est une carpe dorée que j'aperçois. Aussitôt la grosse carpe paraît et lui dit : Vous m'avez sauvé la vie dans le pré des Aliziers, où je serais restée sans vous, je vous promis d'en être reconnaissante. Tenez, cher Avenant, voici la bague de la Belle aux Cheveux d'Or.

Il fut droit au palais. L'on alla dire à la princesse qu'il demandait à la voir. L'on fit entrer Avenant, qui lui présenta sa bague, et lui dit : Princesse, voilà votre commandement fait ; vous plaît-il de recevoir le roi mon maître pour époux ? Quand elle vit sa bague où il ne manquait rien, elle resta si étonnée, qu'elle croyait rêver. — Vraiment, dit-elle, gracieux Avenant, il faut que vous soyez favorisé de quelque fée, car naturellement cela n'est pas possible. Madame, dit-il, je n'en connais aucune, mais j'avais bien envie de vous obéir. — Puisque vous avez si bonne volonté, continua-t-elle, il faut que vous me rendiez un autre service sans lequel je ne me marierai jamais. Il y a un prince, qui ne demeure pas loin d'ici, appelé Galifron, lequel s'est mis dans l'esprit de m'épouser. Il m'a fait déclarer son dessein avec des menaces épouvantables, et a dit que si je le refusais il désolerait mon royaume; mais jugez si je pouvais l'accepter, c'est un géant qui est plus grand qu'une haute tour; il mange un homme comme un singe mange un marron. Quand il va à la campagne, il porte dans ses poches de petits canons, dont il se sert au lieu de pistolets; et lorsqu'il parle bien haut, ceux qui sont près de lui deviennent sourds. Je lui mandai que je ne voulais point me marier, et qu'il m'excusât; cependant il n'a point laissé de me persécuter; il tue tous mes sujets, et avant toutes choses il faut vous battre contre lui, et m'apporter sa tête.

Avenant demeura un peu étourdi de cette proposition; il rêva quelque temps, et puis dit : Hé bien! madame, je combattrai Galifron, je crois que je serai vaincu; mais je mourrai en brave. La princesse resta bien étonnée : elle lui dit mille chose pour l'empêcher de faire cette entreprise. Cela ne servit de rien, il se retira pour aller chercher des armes et tout ce qui lui fallait, il remit le petit Cabriolle dans son panier, il monta sur son beau cheval, et fut dans le pays de Galifron. Il demandait de ses nouvelles à ceux qu'il rencontrait, et chacun lui disait que c'était un vrai démon, dont on n'osait approcher : plus il entendait dire cela, plus il avait peur. Cabriolle le rassurait, et lui disait : Mon cher maître, pendant que vous

LA BELLE AUX CHEVEUX D'OR.

vous battrez, j'irai lui mordre les jambes; il baissera la tête pour me chasser, et vous le tuerez. Avenant admirait l'esprit du petit chien; mais il savait assez que son secours ne suffirait pas.

Enfin il arriva proche du château de Galifron; tous les chemins étaient couverts d'os et de carcasses d'hommes qu'il avait mangés ou mis en pièces. Il ne l'attendit pas longtemps, qu'il le vit venir à travers d'un bois; sa tête passait les plus grands arbres, et il chantait d'une voix épouvantable :

Où sont les petits enfants,
Que je les croque à belles dents?
Il m'en faut tant, tant et tant,
Que le monde n'est suffisant.

Aussitôt Avenant se mit à chanter sur le même air :

Approche, voici Avenant,
Qui t'arrachera les dents :
Bien qu'il ne soit pas des plus grands,
Pour te battre il est suffisant.

Quand Galifron entendit ces paroles, il regarda de tous côtés, et il aperçut Avenant l'épée à la main, qui lui dit deux ou trois injures pour l'irriter. Il n'en fallait pas tant, il se mit dans une colère effroyable; et prenant une massue toute de fer, il aurait assommé du premier coup le gentil Avenant, sans un corbeau qui vint se mettre sur le haut de sa tête, et avec son bec lui donna si juste dans les yeux, qu'il les creva; son sang coulait sur son visage, il était comme un désespéré, frappant de tous côtés. Avenant l'évitait, et lui portait de grands coups d'épée qu'il enfonçait jusqu'à la garde, et qui lui faisaient mille blessures, par où il perdit tant de sang qu'il tomba. Aussitôt Avenant lui coupa la tête, bien ravi d'avoir été si heureux et le corbeau qui s'était perché sur un arbre, lui dit : Je n'ai pas oublié le service que vous me rendîtes en tuant l'aigle qui me poursuivait ; je vous promis de m'en acquitter, je crois l'avoir fait aujourd'hui. — C'est moi qui vous doit tout, monsieur du Corbeau, répliqua Avenant, je demeure votre serviteur. Il monta aussitôt à cheval, chargé de l'épouvantable tête de Galifron.

Quand il arriva dans la ville, tout le monde le suivait et criait : Voici le brave Avenant, qui vient de tuer le monstre ; de sorte que la princesse qui entendit bien du bruit, et qui tremblait qu'on lui vînt apprendre la mort d'Avenant, n'osait demander ce qui lui était arrivé ; mais elle vit entrer Avenant avec la tête du géant, qui ne laissa pas de lui faire encore peur, bien qu'il n'y eût plus rien à craindre. Madame, lui dit-il, votre ennemi est mort, j'espère que vous ne refuserez plus le roi mon maître. — Ah ! si fait, dit la Belle aux Cheveux d'Or, je le refuserai, si vous ne trouvez moyen, avant mon départ, de m'apporter de l'eau de la grotte ténébreuse.

Il y a proche d'ici une grotte profonde qui a bien six lieues de tour ; on trouve à l'entrée deux dragons qui empêchent qu'on y entre, ils ont du feu dans la gueule et dans les yeux ; puis lorsqu'on est dans la grotte, on trouve un grand trou dans lequel il faut descendre : il est plein de crapauds, de couleuvres et de serpents. Au fond de ce trou, il y a une petite cave où coule la fontaine de Beauté et de Santé : c'est de cette eau que je veux absolument. Tout ce qu'on en lave devient merveilleux ; si l'on est belle on demeure toujours belle; si on est laide, on devient belle; si on est jeune, on reste jeune; si l'on est vieille, on devient jeune. Vous jugez bien, Avenant, que je ne quitterai pas mon royaume sans en emporter.

Madame, lui dit-il, vous êtes si belle, que cette eau vous est bien inutile, mais je suis un malheureux ambassadeur dont vous voulez la mort : je vais vous aller chercher ce que vous désirez, avec la certitude de n'en pouvoir revenir. La Belle aux Cheveux d'Or ne changea point de dessein, et Avenant partit avec le petit chien Cabriolle, pour aller à la grotte ténébreuse chercher de l'eau de Beauté.

Il arriva vers le haut d'une montagne, où il s'assit pour se reposer un peu, et il laissa paître son cheval et courir Cabriolle après des mouches; il savait que la grotte ténébreuse n'était pas loin de là, il regardait s'il ne la verrait point; enfin il aperçut un vilain rocher noir comme de l'encre, d'où sortait une grande fumée, et au bout d'un moment un des dragons qui jetait du feu par les yeux et par la gueule; il avait le corps jaune et vert, des griffes et une longue queue qui faisait plus de cent tours : Cabriolle vit tout cela, il ne savait où se cacher, tant il avait de peur.

Avenant, tout résolu de mourir, tira son épée, et descendit avec une fiole que la Belle aux Cheveux d'Or lui avait donnée pour la remplir de l'eau de Beauté. Il dit à son petit chien Cabriolle : C'est fait de moi, je ne pourrai jamais avoir de cette eau qui est gardée par les dragons :

quand je serai mort, remplis la fiole de mon sang, et la porte à la princesse, pour qu'elle voie ce qu'elle me coûte; et puis va trouver le roi mon maître, et lui conte mon malheur. Comme il parlait ainsi, il entendit qu'on l'appelait: Avenant, Avenant! Il dit : — Qui m'appelle ? et il vit un hibou dans le trou d'un vieux arbre, qui lui dit : — Vous m'avez retiré du filet des chasseurs où j'étais pris, et vous me sauvâtes la vie; je vous promis que je vous le revaudrais, en voici le temps. Donnez-moi votre fiole; je sais tous les chemins de la grotte ténébreuse, je vais vous quérir l'eau de Beauté. Avenant lui donna vite sa fiole, et le hibou entra sans nul empêchement dans la grotte. En moins d'un quart d'heure, il revint rapporter la bouteille bien bouchée. Avenant fut ravi, il le remercia de tout son cœur; et remontant la montagne, il prit le chemin de la ville bien joyeux.

Il alla droit au palais, il présenta la fiole à la Belle aux Cheveux d'Or, qui n'eut plus rien à dire : elle remercia Avenant, et donna ordre à tout ce qu'il lui fallait pour partir; puis elle se mit en voyage avec lui. Elle lui disait quelquefois : Si vous aviez voulu, je vous aurais fait roi; nous ne serions point partis de mon royaume; mais il répondait : Je ne voudrais pas faire un si grand déplaisir à mon maître, quoique je vous trouve plus belle que le soleil.

Enfin, ils arrivèrent à la grande ville du roi, qui, sachant que la Belle aux Cheveux d'Or venait, alla au-devant d'elle, et lui fit les plus beaux présents du monde. Il l'épousa avec tant de réjouissances, que l'on ne parlait d'autre chose; mais la Belle aux Cheveux d'Or, qui aimait Avenant dans le fond de son cœur, n'était bien aise que quand elle le voyait, et elle le louait toujours : Je ne serais point venue sans Avenant, disait-elle au roi ; il a fallu qu'il ait fait des choses impossibles pour mon service : vous lui devez être obligé ; il m'a donné de l'eau de Beauté ; je ne vieillirai jamais ; je serai toujours belle.

Les envieux qui écoutaient la reine dirent au roi : Vous n'êtes point jaloux, et vous avez sujet de l'être ; la reine aime si fort Avenant, qu'elle en perd l'appétit, elle ne fait que parler de lui.—Vraiment, dit le roi, qu'on aille le mettre dans la tour avec les fers aux pieds et aux mains. L'on prit Avenant ; et pour sa récompense d'avoir si bien servi le roi, on l'enferma dans la tour après l'avoir enchaîné. Il ne voyait personne que le geôlier, qui lui jetait un morceau de pain noir par un trou, et de l'eau dans une écuelle de terre ; pourtant son petit chien Cabriolle ne le quittait point, il le consolait, et venait lui dire toutes les nouvelles.

Quand la Belle aux Cheveux d'Or sut sa disgrâce, elle se jeta aux pieds du roi, et toute en pleurs, elle le pria de faire sortir Avenant de prison. Mais plus elle le priait, plus il se fâchait, pensant en lui-même que la reine ne le priait ainsi de faire sortir Avenant de prison, que parce qu'elle l'aimait. Donc il n'en voulut rien faire ; la reine n'en parla plus, mais elle était bien triste.

Le roi pensa qu'elle ne le trouvait peut-être pas assez beau ; il eut envie de se frotter le visage avec de l'eau de Beauté, afin que la reine l'aimât plus qu'elle ne faisait.

Cette eau était dans la fiole sur le bord de la cheminée de la chambre de la reine : elle l'avait mise là pour la regarder plus souvent ; mais une de ses femmes-de-chambre, voulant tuer une araignée avec un balai, jeta par malheur la fiole par terre, qui se cassa, et toute l'eau fut perdue. Elle balaya vitement, et ne sachant que faire, elle se souvint qu'elle avait vu dans le cabinet du roi une fiole toute semblable, pleine d'eau claire comme était l'eau de Beauté ; elle la prit adroitement sans rien dire, et la porta sur la cheminée de la reine.

L'eau qui était dans le cabinet du roi servait à faire mourir les princes et les grands seigneurs quand ils étaient criminels ; au lieu de leur couper la tête ou de les pendre, on leur frottait le visage de cette eau, ils s'endormaient et ne se réveillaient plus. Un soir donc le roi prit la fiole, et se frotta bien le visage ; puis il s'endormit et mourut. Le petit chien Cabriolle l'apprit des premiers, et ne man-

qua pas de l'aller dire à Avenant, qui lui dit d'aller trouver la Belle aux Cheveux d'Or, et de la faire souvenir du pauvre prisonnier.

LA BELLE AUX CHEVEUX D'OR.

Cabriolle se glissa doucement dans la presse, car il y avait grand bruit à la cour pour la mort du roi. Il dit à la reine : Madame, n'oubliez pas le pauvre Avenant. Elle se souvint aussitôt des peines qu'il avait souffertes à cause d'elle et de sa grande fidélité : elle sortit sans parler à personne, et fut droit à la tour, où elle ôta elle-même les fers des pieds et des mains d'Avenant, et lui mettant une couronne d'or sur la tête, et le manteau royal sur les épaules, elle lui dit : Venez, aimable Avenant, je vous fais roi, et vous prends pour mon époux : il se jeta à ses pieds et la remercia. Chacun fut ravi de l'avoir pour maître ; il se fit la plus belle noce du monde, et la Belle aux Cheveux d'Or vécut longtemps avec le bel Avenant, tous deux heureux et satisfaits.

> Si par hasard un malheureux
> Te demande ton assistance,

Ne lui refuse point un secours généreux :
Un bienfait tôt ou tard reçoit sa récompense.
    Quant Avenant, avec tant de bonté,
Servait carpe et corbeau ; quand jusqu'au hibou même,
Sans être rebuté de sa laideur extrême,
        Il conservait la liberté ;
        Aurait-on pu jamais le croire,
        Que ces animaux quelque jour
Le conduiraient au comble de la gloire.

LE RAMEAU D'OR.

LE RAMEAU D'OR.

Il était une fois un roi dont l'humeur austère et chagrine inspirait plutôt de la crainte que de l'amour. Il se laissait voir rarement; et sur les plus légers soupçons, il faisait mourir ses sujets : on le nommait le roi Brun, parce qu'il fronçait toujours le sourcil. Le roi Brun avait un fils qui ne lui ressemblait point : rien n'égalait son esprit, sa douceur, sa magnificence et sa capacité; mais il avait les jambes tortues, une bosse plus haute que sa tête, les yeux de travers, la bouche de côté; enfin c'était un petit monstre, et jamais une si belle âme n'avait animé un corps si mal fait. Cependant, par un sort singulier, il se faisait aimer jusqu'à la folie des personnes auxquelles il voulait plaire; son esprit était si supérieur à tous les autres, qu'on ne pouvait l'entendre avec indifférence.

La reine sa mère voulut qu'on l'appelât Torticoli. Le roi Brun, qui pensait plus à sa grandeur qu'à la satisfaction de son fils, jeta les yeux sur la fille d'un puissant roi qui était son voisin, et dont les États, joints aux siens, pouvaient le rendre redoutable à toute la terre. Il pensa que cette princesse serait fort propre pour le prince Torticoli, parce qu'elle n'aurait pas lieu de lui reprocher sa difformité et sa laideur, puisqu'elle était pour le moins aussi laide et aussi difforme que lui. Elle allait toujours dans une jatte : elle avait les jambes rompues : on l'appelait Trognon. C'était la créature du monde la plus aimable par l'esprit : il semblait que le ciel avait voulu la récompenser du tort que lui avait fait la nature.

Le roi Brun ayant demandé et obtenu le portrait de la princesse Trognon, le fit mettre dans une grande salle sous un dais, et il envoya querir le prince Torticoli, auquel il commanda de regarder ce portrait avec tendresse, puisque c'était celui de Trognon, qui lui était destinée. Torticoli y jeta les yeux, et les détourna aussitôt avec un air de dédain qui offensa son père.—Est-ce que vous n'êtes pas content, lui dit-il d'un ton aigre et fâché?—Non, seigneur, répondit-il, je ne serai jamais content d'épouser un cul-de-jatte.—Il vous sied bien, dit le roi Brun, de trouver des défauts en cette princesse, étant vous-même un petit monstre qui fait peur ! — C'est par cette raison, ajouta le prince, que je ne veux point m'allier avec un autre monstre ; j'ai assez de peine à me souffrir : que serait-ce si j'avais une telle compagnie ? — Vous craignez de perpétuer la race des magots, répondit le roi d'un air offensant, mais vos craintes sont vaines, vous l'épouserez : il suffit que je l'ordonne pour être obéi. Torticoli ne répliqua rien ; il fit une profonde révérence, et se retira.

Le roi Brun n'était point accoutumé à trouver la plus petite résistance ; celle de son fils le mit dans une colère épouvantable. Il le fit enfermer dans une tour qui avait été bâtie exprès pour les princes rebelles.

Le roi Brun, persuadé que Torticoli se lasserait de sa prison, agit comme s'il avait consenti à épouser Trognon ; il envoya des ambassadeurs au roi son voisin, pour lui demander sa fille, à laquelle il promettait une félicité parfaite. Le père de Trognon fut ravi de trouver une occasion si avantageuse de la marier ; car tout le monde n'est pas d'humeur de se charger d'un cul-de-jatte. Il accepta la proposition du roi Brun, quoiqu'à dire vrai, le portrait du prince Torticoli, qu'on lui avait apporté, ne lui parût pas fort touchant. Il le fit placer à son tour dans une galerie magnifique : l'on y apporta Trognon. Lorsqu'elle l'aperçut, elle baissa les yeux et se mit à pleurer. Son père, indigné de la répugnance qu'elle témoignait, prit un miroir, et le mettant vis-à-vis d'elle : Vous pleurez, ma fille, lui dit-il ; ah ! regardez-vous, et convenez après cela qu'il ne vous est pas permis de pleurer. — Si j'avais quelqu'empressement d'être mariée, seigneur, lui dit-elle, j'aurais peut-être tort d'être si délicate; mais je chérirai mes disgrâces, si je les souffre toute seule : je ne veux partager avec personne l'ennui de me voir. Que je reste toute ma vie la malheureuse princesse Trognon, je ne me plaindrai point. Quelque bonnes que pussent être ses raisons, le roi ne les écouta pas; il fallut partir avec les ambassadeurs qui l'étaient venus demander.

Pendant qu'elle faisait son voyage dans une litière, où elle était comme un vrai trognon, il faut revenir dans la tour, et voir ce que fait le prince. Aucun de ses gardes n'osait lui parler : on avait ordre de le laisser ennuyer, de ne lui donner presque rien à manger, et de le fatiguer par toutes sortes de mauvais traitements. Le roi Brun savait se faire obéir : si ce n'était pas par amour, c'était au moins par crainte; mais l'affection qu'on avait pour le prince était cause qu'on adoucissait ses peines autant qu'on le pouvait.

Un jour qu'il se promenait dans une grande galerie, pensant tristement à sa destinée, qui l'avait fait naître si laid et si affreux, et qui lui faisait rencontrer une princesse encore plus disgraciée, il jeta ses yeux sur les vitres, qu'il trouva peintes de couleurs si vives, et les dessins si bien exprimés, qu'ayant un goût particulier pour les beaux ouvrages, il s'attacha à regarder celui-là; mais il n'y comprenait rien, car c'était des histoires qui étaient passées depuis plusieurs siècles. Il est vrai que ce qui le frappa, ce fut de voir un homme qui lui ressemblait si fort, qu'il paraissait que c'était son portrait. Cet homme était dans le donjon de la tour, et cherchait dans la muraille, où il trouvait un tire-bourre d'or, avec lequel il ouvrait un cabinet. Il y avait encore beaucoup d'autres choses qui frappèrent son imagination ; et sur la plupart des vitres, il voyait toujours son portrait. Par quelle aventure, disait-il, me fait-on faire ici un personnage, moi qui n'étais pas encore né ? Et par quelle fatale idée le peintre s'est-il diverti à faire un homme comme moi ? Il voyait sur ces vitres une belle personne, dont les traits étaient si réguliers et la physionomie si spirituelle, qu'il ne pouvait en détourner les yeux. Enfin il y avait mille objets différents, et toutes les passions y étaient si bien exprimées, qu'il croyait voir arriver ce qui n'était représenté que par le mélange des couleurs.

Il ne sortit de la galerie que lorsqu'il n'eut plus assez de jour pour distinguer ces peintures. Quand il fut retourné dans sa chambre, il prit un vieux manuscrit qui lui tomba le premier sous la main ; les feuilles en étaient de vélin, peintes tout autour, et la couverture d'or émaillé de bleu, qui formait des chiffres. Il demeura bien surpris d'y voir les mêmes choses qui étaient sur les vitres de la galerie ; il tâchait de lire ce qui était écrit, il n'en put venir à bout. Mais tout d'un coup il vit que dans un des feuillets où l'on représentait des musiciens, ils se mirent à chanter ; et dans un autre feuillet, où il y avait des joueurs de bassette et de tric-trac, les cartes et les dés allaient et venaient. Il tourna le vélin, c'était un bal où l'on dansait ; toutes les dames étaient parées, et d'une beauté merveilleuse. Il tourna encore le feuillet, il sentit l'odeur d'un excellent repas ; c'était des petites figures qui mangeaient : la plus grande n'avait pas un pouce de haut. Il y en eut une qui, se tournant vers le prince : A ta santé, Torticoli, lui dit-elle, songe à nous rendre notre reine ; si tu le fais, tu t'en trouveras bien ; si tu y manques, tu t'en trouveras mal.

A ces paroles, le prince fut saisi d'une si violente peur, car il y avait déjà quelque temps qu'il commençait à trembler, qu'il laissa tomber le livre d'un côté, et il tomba de l'autre comme un homme mort. Au bruit de sa chute, ses gardes accoururent ; ils l'aimaient chèrement, et ne négligèrent rien pour le faire revenir de son évanouissement. Lorsqu'il se trouva en état de parler, ils lui demandèrent ce qu'il avait ; il leur dit qu'on le nourrissait si mal, qu'il n'y pouvait résister, et qu'ayant la tête pleine d'imagination, il s'était figuré de voir et d'entendre des choses si surprenantes dans ce livre, qu'il avait été saisi de peur. Ses gardes affligés lui donnèrent à manger, malgré toutes les défenses du roi Brun. Quand il eut mangé, il reprit le livre devant eux, et ne trouva plus rien de ce qu'il avait vu ; cela lui confirma qu'il s'était trompé.

Il retourna le lendemain dans la galerie ; il vit encore les peintures sur les vitres, qui se remuaient, qui se promenaient dans des allées, qui chassaient des cerfs et des lièvres, qui pêchaient, ou qui bâtissaient de petites maisons ; car c'étaient des miniatures fort petites, et son portrait était toujours partout. Il avait un habit semblable au sien, il montait dans le donjon de la tour, et il y trouvait le tire-bourre d'or. Comme il avait bien mangé, il n'y avait plus lieu de croire qu'il entrât de la vision dans cette affaire. Ceci est trop mystérieux, dit-il, pour que je doive négliger les moyens d'en savoir davantage; peut-être que je les apprendrai dans le donjon. Il y monta, et frappant contre le mur, il lui sembla qu'un endroit était creux; il prit un marteau et démaçonna cet endroit, et trouva un tire-bourre d'or fort proprement fait. Il ignorait encore à quel usage il devait lui servir, lorsqu'il aperçut dans un coin du donjon une vieille armoire de méchant bois. Il voulut l'ouvrir, mais il ne put trouver de serrure; de quelque côté qu'il la tournât, c'était une peine inutile. Enfin il vit un petit trou, et soupçonnant que le tire-bourre lui serait utile, il l'y mit; puis tirant avec force, il ouvrit l'armoire. Mais autant qu'elle était vieille et laide par dehors, autant elle était belle et merveilleuse en dedans; tous les tiroirs étaient de cristal de roche gravé, ou d'ambre, ou de pierres précieuses; quand on en avait tiré un, l'on en trouvait de plus petits aux côtés, dessus, dessous et au fond, qui étaient séparés par de la nacre de perle. On tirait cette nacre, et les tiroirs ensuite; chacun était rempli des plus belles armes du monde, de riches couronnes, de portraits admirables. Le prince Torticoli était charmé, il tirait toujours sans se lasser. Enfin il trouva une petite clef, faite d'une seule émeraude, avec laquelle il ouvrit un guichet d'or qui était dans le fond; il fut ébloui d'une brillante escarboucle qui formait une grande boîte. Il la tira promptement du guichet; mais que devint-il, lorsqu'il la trouva toute pleine de sang, et la main d'un homme qui était coupée, laquelle tenait encore une boîte de portrait!

A cette vue Torticoli frémit, ses cheveux se hérissèrent,

ses jambes mal assurées le soutenaient avec peine. Il s'assit par terre, tenant encore la boîte, détournant les yeux d'un objet si funeste; il avait grande envie de la remettre où il l'avait prise, mais il pensait que tout ce qui s'était passé jusqu'alors n'était point arrivé sans de grands mystères. Il se souvenait de ce que la petite figure du livre lui avait dit : que selon qu'il en userait, il s'en trouverait bien ou mal; il craignait autant l'avenir que le présent. Et venant à se reprocher une timidité indigne d'une grande âme, il fit un effort sur lui-même; puis attachant les yeux sur cette main : O main infortunée ! dit-il, ne peux-tu par quelques signes m'instruire de ta triste aventure ? Si je suis en état de te servir, assure-toi de la générosité de mon cœur.

Cette main à ces paroles parut agitée, et remuant les doigts, elle lui fit des signes, dont il entendit aussi bien le discours, que si une bouche intelligente lui eût parlé. Apprends, dit la main, que tu peux tout pour celui dont la barbarie d'un jaloux m'a séparée. Tu vois dans ce portrait l'adorable beauté qui est cause de mon malheur : va sans différer dans la galerie, prends garde à l'endroit où le soleil darde ses plus ardents rayons, cherche et tu trouveras mon trésor. La main cessa alors d'agir; le prince lui fit plusieurs questions, à quoi elle ne répondit point. Où vous remettrai-je? lui dit-il. Elle lui fit de nouveaux signes; il comprit qu'il fallait la remettre dans l'armoire : il n'y manqua pas. Tout fut refermé; il serra le tire-bourre dans le même mur où il l'avait pris, et s'étant un peu aguerri sur les prodiges, il descendit la galerie.

A son arrivée les vitres commencèrent à faire un cliquetis extraordinaire; il regarda où les rayons du soleil donnaient; il vit que c'était sur le portrait d'un jeune adolescent, si beau et d'un si grand air, qu'il en demeura charmé. En levant ce tableau, il trouva un lambris d'ébène avec des filets d'or, il le lève, et il se trouve dans un vestibule tout de porphyre, orné de statues; il monte un large degré d'agate, dont la rampe était d'or; il entre dans un salon tout de lapis, et traversant des appartements sans nombre, où il restait ravi de l'excellence des peintures et de la richesse des meubles, il arriva enfin dans une petite chambre, dont tous les ornements étaient de turquoise, et il vit sur un lit de gaze bleu et or une dame qui semblait dormir. Elle était d'une beauté incomparable; ses cheveux plus noirs que l'ébène relevaient la blancheur de son teint; elle paraissait inquiète dans son sommeil; son visage avait quelque chose d'abattu et d'une personne malade.

Le prince, craignant de la réveiller, s'approcha doucement; il entendit qu'elle parlait, et prêtant une grande attention à ses paroles, il entendit ce peu de mots : Penses-tu, perfide, que je puisse t'aimer, après m'avoir éloignée de Trasimène? A mes yeux, tu as osé couper une main aussi chère? Ah! Trasimène, ne dois-je plus vous voir?

Il restait au pied de son lit comme immobile, ne sachant s'il devait l'éveiller ou la laisser plus longtemps dans un sommeil si triste; il comprenait déjà que Trasimène était son amant, et qu'il en avait trouvé la main dans le donjon; il roulait mille pensées confuses sur tant de différentes choses, quand il entendit une musique charmante ; elle était composée de rossignols et de serins, qui accordaient si bien leur ramage, qu'ils surpassaient les plus agréables voix. Aussitôt un aigle d'une grandeur extraordinaire entra ; il volait doucement, et tenait dans ses serres un rameau d'or chargé de rubis, qui formaient des cerises. Il attacha fixement ses yeux sur la belle endormie ; il semblait voir son soleil ; et déployant ses grandes ailes, il planait devant elle, tantôt s'élevant, et tantôt s'abaissant jusqu'à ses pieds.

Après quelques moments, il se tourna vers le prince, et s'en approcha, mettant dans sa main le rameau d'or cerisé ; les oiseaux qui chantèrent poussèrent alors des tons qui percèrent les voûtes du palais. Le prince jugea que cette dame était enchantée ; il s'avance vers elle, il met un genou en terre, il frappa avec le rameau, et lui dit : Belle et charmante personne, je vous conjure au nom de Trasimène de rentrer dans toutes les fonctions de la vie. La dame ouvre les yeux, aperçoit l'aigle, et s'écrie : Arrêtez, cher amant, arrêtez ; mais l'oiseau royal jette un cri aussi aigu que douloureux, et il s'envole avec ses petits musiciens emplumés.

La dame se tournant en même temps vers Torticoli : J'ai écouté mon cœur plutôt que ma reconnaissance, lui dit-elle ; je sais que je vous dois tout, et que vous me rappelez à la lumière, que j'ai perdue depuis deux cents ans. L'enchanteur qui m'aimait, et qui m'a fait souffrir tant de maux, vous avait réservé cette grande aventure ; j'ai le pouvoir de vous servir, et voyez ce que vous souhaitez ;

LE RAMEAU D'OR.

j'emploirai l'art de féerie que je possède pour vous rendre heureux. — Madame, répondit le prince, si votre science vous fait pénétrer jusqu'aux sentiments du cœur, il vous est aisé de connaître que, malgré les disgrâces dont je suis accablé, je suis moins à plaindre qu'un autre. — C'est l'effet de votre bon esprit, ajouta la fée; mais enfin ne me laissez pas la honte d'être ingrate à votre égard. Que souhaitez-vous? Je peux tout : demandez. — Je souhaiterais, répondit Torticoli, vous rendre le beau Trasimène. — Vous êtes trop généreux, lui dit-elle, de préférer mes intérêts aux vôtres; cette grande affaire s'achèvera par une autre personne. Sachez seulement qu'elle ne vous sera pas indifférente; mais ne me retardez pas plus longtemps le plaisir de vous obliger. Que désirez-vous? — Madame, dit le prince, en se jetant à ses pieds, vous voyez mon affreuse figure, on me nomme Torticoli par dérision; rendez-moi moins ridicule. — Va, prince, lui dit la fée, en le touchant trois fois avec le rameau d'or, va, tu seras si accompli et si parfait, que jamais homme devant ni après toi ne t'égalera; nomme-toi *Sans-Pair*, tu porteras ce nom à juste titre.

Le prince reconnaissant embrassa ses genoux. Elle l'obligea de se relever; il se mira dans les glaces qui ornaient cette chambre, et Sans-Pair ne reconnut plus Torticoli. Il était grandi de trois pieds; il avait des cheveux qui tombaient par grosses boucles sur ses épaules, un air plein de grandeur et de grâces, des traits réguliers, des yeux d'esprit; enfin c'était le digne ouvrage d'une fée bienfaisante et sensible. Que ne m'est-il permis, lui dit-elle, de vous apprendre votre destinée, de vous instruire des écueils que la fortune mettra en votre chemin, de vous enseigner les moyens de les éviter ! mais j'offenserais le génie supérieur qui vous guide : allez, prince, fuyez de la tour, et souvenez-vous que la fée Benigne sera toujours de vos amies. A ces mots, le palais et les merveilles que le prince avait vues disparurent : il se trouva dans une épaisse forêt, à plus de cent lieues de la tour où le roi Brun l'avait fait mettre.

Laissons-le revenir de son juste étonnement, et voyons deux choses; l'une, ce qui se passe entre les gardes que son père lui avait donnés; et l'autre, ce qui arrive à la princesse Trognon. Ces pauvres gardes, surpris que leur prince ne demandât point à souper, entrèrent dans sa chambre, et ne l'ayant pas trouvé, ils le cherchèrent partout avec une extrême crainte qu'il ne se fût sauvé. Leur peine était inutile, ils pensèrent se désespérer; car ils appréhendaient que le roi Brun, qui était si terrible, ne les fît mourir. Après avoir agité tous les moyens propres à l'apaiser, ils conclurent qu'il fallait qu'un d'entre eux se mît au lit, et ne se laissât point voir; qu'ils diraient que le prince était bien malade; et qu'une bûche ensevelie et enterrée les tirerait d'intrigue. Ce remède leur parut infaillible; sur-le-champ ils le mirent en pratique. Le plus petit des gardes, à qui l'on fit une grosse bosse, se coucha. On fut dire au roi que son fils était bien malade; il crut que c'était pour l'attendrir, et ne voulut rien relâcher de sa sévérité. C'était justement ce que les timides gardes souhaitaient; et plus ils faisaient paraître d'empressement, plus le roi Brun marquait d'indifférence.

Pour la princesse Trognon, elle arriva dans une petite machine qui n'avait qu'une coudée de haut, et la machine était dans une litière. Le roi Brun alla au-devant d'elle : lorsqu'il la vit si difforme, dans une jatte, la peau écaillée comme une morue, les sourcils joints, le nez plat et large, et la bouche proche des oreilles, il ne put s'empêcher de lui dire : En vérité, princesse Trognon, vous êtes gracieuse de mépriser mon Torticoli : sachez qu'il est bien laid, mais sans mentir, il l'est moins que vous. — Seigneur, lui dit-elle, je n'ai pas assez d'amour-propre pour m'offenser des choses désobligeantes que vous me dites : je ne sais cependant si vous croyez que ce soit un moyen sûr pour me persuader d'aimer votre charmant Torticoli; mais je vous déclare, malgré ma misérable jatte et les défauts dont je suis remplie, que je ne veux point l'épouser; et que je préfère le titre de princesse Trognon, à celui de reine Torticoli.

Le roi Brun s'échauffa fort de cette réponse. Je vous assure, lui dit-il, que je n'en aurai pas le démenti : le roi votre père doit être votre maître, et je le suis devenu depuis qu'il vous a mise entre mes mains. — Il est des choses, dit-elle, sur lesquelles nous pouvons opter : c'est en dépit de moi qu'on m'a conduite ici, je vous en avertis; et je vous regarderai comme mon plus mortel ennemi, si vous me faites violence. Le roi encore plus irrité la quitta, et lui donna un appartement dans son palais, avec des dames, qui avaient ordre de lui persuader que le meilleur parti à prendre pour elle, était d'épouser le prince.

Cependant les gardes, qui craignaient d'être découverts,

et que le roi ne sût que son fils s'était sauvé, se hâtèrent de lui aller dire qu'il était mort. A ces nouvelles il ressentit une douleur dont on le croyait incapable; il cria, il hurla, et se prenant à Trognon de la perte qu'il venait de faire, il l'envoya dans la tour à la place de son cher défunt.

La pauvre princesse demeura aussi triste qu'étonnée de se trouver prisonnière; elle avait du cœur, et elle parla comme elle devait d'un procédé si dur. Elle croyait qu'on le dirait au roi; mais personne n'osa l'en entretenir. Elle croyait aussi qu'elle pouvait écrire à son père les mauvais traitements qu'elle souffrait, et qu'il viendrait la délivrer.

Ses projets de ce côté-là furent inutiles; on interceptait ses lettres, et on les donnait au roi Brun.

Comme elle vivait dans cette espérance, elle s'affligeait moins, et tous les jours elle allait dans la galerie regarder

les peintures qui étaient sur les vitres; rien ne lui paraissait plus extraordinaire que ce nombre de choses différentes qui y étaient représentées, et de s'y voir dans sa jatte. Depuis que je suis arrivée en ce pays-ci, les peintres, disait-elle, ont pris un étrange plaisir de me peindre, est-ce qu'il n'y a pas assez de figures ridicules sans la mienne! ou veulent-ils, par des oppositions, faire éclater davantage la beauté de cette jeune bergère, qui me semble charmante? Elle regardait ensuite le portrait d'un berger qu'elle ne pouvait assez louer. Que l'on est à plaindre, disait-elle, d'être disgraciée de la nature au point que je le suis, et que l'on est heureuse quand on est belle! En disant ces mots, elle avait les larmes aux yeux; puis se voyant dans un miroir, elle se tourna brusquement; mais elle fut bien étonnée de trouver derrière elle une petite vieille, coiffée d'un chaperon, qui était la moitié plus laide qu'elle; et la jatte où elle se traînait avait plus de vingt trous, tant elle était usée.

Princesse, lui dit cette vieillotte, vous pouvez choisir entre la vertu et la beauté; vos regrets sont si touchants, que je les ai entendus. Si vous voulez être belle, vous serez coquette, glorieuse et très galante; si vous voulez rester comme vous êtes, vous serez sage, estimée et fort humble. Trognon regarda celle qui lui parlait, et lui demanda si la beauté était incompatible avec la sagesse? — Non, lui dit la bonne femme; mais à votre égard il est arrêté que vous ne pouvez avoir que l'un des deux. — Hé bien, s'écria Trognon d'un air ferme, je préfère ma laideur à la beauté. — Quoi! vous aimez mieux effrayer ceux qui vous voient? reprit la vieille. — Oui, madame, dit la princesse, je choisis plutôt tous les malheurs ensemble, que de manquer de vertu. — J'avais apporté exprès mon manchon jaune et blanc, dit la fée; en soufflant du côté jaune, vous seriez devenue semblable à cette admirable bergère qui vous a paru si charmante, et vous auriez été aimée d'un berger dont le portrait a arrêté vos yeux plus d'une fois : en soufflant du côté blanc, vous pourrez vous affermir encore dans le chemin de la vertu, où vous entrez si courageusement. — Hé! madame, reprit la princesse, ne me refusez pas cette grâce, elle me consolera de tout le mépris que l'on a pour moi. La petite vieille lui donna le manchon de vertu et de beauté; Trognon ne se méprit point, elle souffla par le côté blanc, et remercia la fée, qui disparut aussitôt.

Elle était ravie du bon choix qu'elle avait fait; et quelque sujet qu'elle eût d'envier l'incomparable beauté de la bergère peinte sur les vitres, elle pensait, pour s'en consoler, que la beauté passe comme un songe; que la vertu est un trésor éternel et une beauté inaltérable, qui dure plus que la vie : elle espérait toujours que le roi son père se mettrait à la tête d'une grosse armée, et qu'il la tirerait de la tour. Elle attendait le moment de le voir avec mille

impatiences, et elle mourait d'envie de monter au donjon pour voir arriver le secours qu'elle attendait. Mais comment grimper si haut? Elle allait dans sa chambre moins vite qu'une tortue, et pour monter; c'étaient ses femmes qui la portaient.

Cependant elle en trouva un moyen assez particulier. Elle sut que l'horloge était dans le donjon, elle ôta les poids, et se mit à la place. Lorsqu'on monta l'horloge, elle fut montée jusqu'en haut; elle regarda promptement à la fenêtre qui donnait sur la campagne, mais elle ne vit rien venir. En s'appuyant contre le mur que Torticoli avait défait et raccommodé assez mal, le plâtre tomba et le tire-bourre d'or près de Trognon. Elle examina à quoi il pouvait servir. Elle jugea bien vite que c'était pour ouvrir l'armoire, où il n'y avait point de serrure; elle en vint à bout, et elle ne fut pas moins ravie que le prince l'avait été, de tout ce qu'elle y rencontra de rare et de galant. Il y avait quatre mille tiroirs, tous remplis de bijoux antiques et modernes, enfin elle trouve le guichet d'or, la boîte d'escarboucle, et la main qui nageait dans le sang. Elle en frémit, et voulut la jeter; mais il ne fut pas en son pouvoir de la laisser aller, une puissance secrète l'en empêchait. — Hélas! que vais-je faire? dit-elle tristement. J'aime mieux mourir que de rester davantage avec cette main coupée. Dans ce moment elle entendit une voix douce et agréable, qui lui dit : Prends courage, princesse, ta félicité dépend de cette aventure. — Hé! que puis-je faire? répondit-elle en tremblant. — Il faut, lui dit la voix, emporter cette main dans ta chambre, la cacher sous ton chevet; et quand tu verras un aigle, la lui donner sans tarder un moment.

Quelqu'effrayée que fût la princesse, cette voix avait

quelque chose de si persuasif, qu'elle n'hésita pas à obéir ; elle replaça les tiroirs et les raretés comme elle les avait trouvés, sans en prendre aucune. Ses gardes qui craignaient qu'elle ne leur échappât à son tour, ne l'ayant point vue dans sa chambre, la cherchèrent, et demeurèrent surpris de la rencontrer dans un lieu où elle ne pouvait, disaient-ils, monter que par enchantement.

Elle fut trois jours sans rien voir ; elle n'osait ouvrir la belle boîte d'escarboucle, parce que la main coupée lui faisait trop grande peur. Enfin, une nuit elle entendit du bruit contre sa fenêtre ; elle ouvrit son rideau, et elle aperçut au clair de la lune un aigle qui voltigeait. Elle se leva comme elle put, et se traînant dans la chambre, elle ouvrit la fenêtre. L'aigle entra, faisant grand bruit avec ses ailes, en signe de réjouissance ; elle ne différa pas à lui présenter la main, qu'il prit avec ses serres, et un moment après elle ne l'aperçut plus ; il y avait à sa place un jeune homme, le plus beau et le mieux fait qu'elle eût jamais vu : son front était ceint d'un diadème, son habit couvert de pierreries. Il tenait dans sa main un portrait ; et prenant le premier la parole : Princesse, dit-il à Trognon, il y a deux cents ans qu'un perfide enchanteur me retient en ces lieux. Nous aimions l'un et l'autre l'admirable fée Benigne : j'étais souffert, il était jaloux. Son art surpassait le mien ; et voulant s'en prévaloir pour me perdre, il me dit, d'un air absolu, qu'il me défendait de la voir davantage. Une telle défense ne convenait ni à mon amour, ni au rang que je tenais : je le menaçai ; et la belle que j'adore se trouva si offensée de la conduite de l'enchanteur, qu'elle lui défendit à son tour de l'approcher jamais. Ce cruel résolut de nous punir l'un et l'autre.

Un jour que j'étais auprès d'elle, charmé du portrait qu'elle m'avait donné, et que je regardais, le trouvant mille fois moins beau que l'original, il parut, et d'un coup de sabre, il sépara ma main de mon bras. La fée Benigne (c'est le nom de ma reine) ressentit plus vivement que moi la douleur de cet accident ; elle tomba évanouie sur son lit, et sur-le-champ je me sentis couvert de plumes ; je fus métamorphosé en aigle. Il m'était permis de venir tous les jours voir la reine, sans pouvoir en approcher ni la réveiller ; mais j'avais la consolation de l'entendre sans cesse pousser de tendres soupirs, et parler en rêvant de son cher Trasimène. Je savais encore qu'au bout de deux cents ans un prince rappellerait Benigne à la lumière, et qu'une princesse, en me rendant ma main coupée, me rendrait ma première forme. Une fée qui s'intéresse à votre gloire a voulu que cela fût ainsi ; c'est elle qui a si soigneusement enfermé ma main dans l'armoire du donjon ; c'est elle qui m'a donné le pouvoir de vous marquer aujourd'hui ma reconnaissance. Souhaitez, princesse, ce qui peut vous faire le plus de plaisir, et sur-le-champ vous l'obtiendrez.

— Grand roi, répliqua Trognon, après quelques moments de silence ; si je ne vous ai pas répondu promptement, ce n'est point que j'hésite, mais je vous avoue que je ne suis pas aguerrie sur des aventures aussi surprenantes que celle-ci, et je me figure que c'est plutôt un rêve qu'une vérité. — Non, madame, répondit Trasimène, ce n'est point une illusion ; vous en ressentirez les effets dès que vous voudrez me dire quel don vous désirez. — Si je demandais tous ceux dont j'aurais besoin pour être parfaite, dit-elle, quelque pouvoir que vous ayez, il vous serait difficile d'y satisfaire ; rendez mon âme aussi belle que mon corps est laid et difforme. — Ah ! princesse, s'écria le roi Trasimène, vous me charmez par un choix si juste et si élevé : votre corps va donc devenir aussi beau que votre âme et que votre esprit. Il toucha la princesse avec le portrait de la fée ; elle entend cric, croc dans tous ses os, ils s'allongent, ils se remboîtent : elle est droite, elle a le teint plus blanc que du lait, tous les traits réguliers, un air majestueux et modeste, une physionomie fine et agréable. — Quel prodige ! s'écrie-t-elle. Est-ce moi ? — Oui, madame, reprit Trasimène, c'est vous ; le sage choix que vous avez fait de la vertu, vous attire l'heureux changement que vous éprouvez. Quel plaisir pour moi, après ce que je vous dois, d'avoir été destiné pour y contribuer ! Mais quittez pour toujours le nom de Trognon ; prenez celui de Brillante, que vous méritez par vos lumières et par vos charmes. Dans ce moment il disparut ; et la princesse, sans savoir par quelle voiture elle était allée, se trouva au bord d'une petite rivière, dans un lieu ombragé d'arbres, le plus agréable de la terre.

Elle ne s'était point encore vue : l'eau de cette rivière était si claire, qu'elle connut avec une surprise extrême, qu'elle était la même bergère dont elle avait tant admiré le portrait sur les vitres de la galerie. En effet, elle avait comme elle un habit blanc, garni de dentelles fines, le plus propre qu'on eût jamais vu à aucune bergère : sa ceinture était de petites roses et de jasmins, ses cheveux ornés de fleurs : elle trouva une houlette peinte et dorée auprès d'elle, avec un troupeau de moutons qui paissaient le long du rivage, et qui entendaient sa voix, jusqu'au chien du troupeau ; il semblait la connaître, et la caressait.

Quelles réflexions ne faisait-elle point sur des prodiges si nouveaux ! Elle était née, et elle avait vécu jusqu'alors la plus laide de toutes les créatures, mais elle était princesse. Elle devenait plus belle que l'astre du jour ; elle n'était plus qu'une bergère, et la perte de son rang ne laissait pas de lui être sensible.

Ces différentes pensées l'agitèrent jusqu'au moment où elle s'endormit. Elle avait veillé toute la nuit (comme je l'ai déjà dit), et le voyage qu'elle avait fait, sans s'en apercevoir, était de cent lieues : de sorte qu'elle s'en trouvait un peu lasse. Ses moutons et son chien, rassemblés à ses côtés, semblaient la garder, et lui donner les soins qu'elle leur devait. Le soleil ne pouvait l'incommoder, quoiqu'il fût dans toute sa force : les arbres touffus l'en garantissaient ; et l'herbe fraîche et fine, sur laquelle elle s'était laissé tomber, paraissait orgueilleuse d'une charge si belle.

Les oiseaux y faisaient de doux concerts, et les zéphyrs retenaient leurs haleines, dans la crainte de l'éveiller. Un berger, fatigué de l'ardeur du soleil, ayant remarqué de loin cet endroit, s'y rendit en diligence ; mais lorsqu'il vit la jeune Brillante, il demeura si surpris, que sans un arbre contre lequel il s'appuya, il serait tombé de toute sa hauteur. En effet, il la reconnut pour cette même personne dont il avait admiré la beauté sur les vitres de la galerie et dans le livre de vélin; car le lecteur ne doute pas que ce berger ne soit le prince Sans-Pair. Un pouvoir inconnu l'avait arrêté dans cette contrée; il s'était fait admirer de tous ceux qui l'avaient vu. Son adresse en toutes choses, sa bonne mine et son esprit, ne le distinguaient pas moins entre les autres bergers, que sa naissance l'aurait distingué ailleurs.

Il attacha ses yeux sur Brillante avec une attention et un plaisir qu'il n'avait point ressenti jusqu'alors. Il se mit à genoux auprès d'elle, il examinait cet assemblage de beautés, qui la rendaient toute parfaite; et son cœur fut le premier qui paya le tribut qu'aucun autre depuis n'osa lui refuser. Comme il rêvait profondément, Brillante s'éveilla; et voyant Sans-Pair proche d'elle avec un habit de pasteur extrêmement galant, elle le regarda, et rappela aussitôt son idée, parce qu'elle avait vu son portrait dans la tour.—Aimable bergère, lui dit-il, quelle heureuse destinée vous conduit ici? Vous y venez, sans doute, pour recevoir notre encens et nos vœux. Ah! je sens déjà que je serai le plus empressé à vous rendre mes hommages. — Non, berger, lui dit-elle, je ne prétends point exiger les honneurs qui ne me sont pas dus; je veux demeurer simple bergère, j'aime mon troupeau et mon chien : la solitude a son charme pour moi, je ne cherche qu'elle. — Quoi! jeune bergère, en arrivant en ces lieux vous y apportez le dessein de vous cacher aux mortels qui les habitent! Est-il possible, continua-t-il, que vous nous vouliez tant de mal? Tout du moins exceptez-moi, puisque je suis le premier qui vous a offert ses services. — Non, reprit Brillante, je ne veux point vous voir plus souvent que les autres, quoique je sente déjà une estime particulière pour vous; mais enseignez-moi quelque sage bergère, chez qui je puisse me retirer; car étant inconnue ici, et dans un âge à ne vouloir demeurer seule, je serai bien aise de me mettre sous sa conduite. Sans-Pair la mena dans une cabane si propre, qu'elle avait mille agréments dans sa simplicité. Il y avait une petite vieillotte qui sortait rarement, parce qu'elle ne pouvait presque plus marcher: Tenez, ma bonne mère, dit Sans-Pair, en lui présentant Brillante, voici une fille incomparable, dont la seule présence vous rajeunira. La vieille l'embrassa, et lui dit d'un air affable qu'elle était la bien-venue; qu'elle avait de la peine de la loger si mal, mais que tout au moins elle la logerait fort bien dans son cœur. — Je ne pensais pas, dit Brillante, trouver ici un accueil si favorable et tant de politesse; je vous assure, ma bonne mère, que je suis ravie d'être auprès de vous. Ne me refusez pas, continua-t-elle, en s'adressant au berger, de me dire votre nom, pour que je sache à qui je suis obligée d'un tel service. — On m'appelle Sans-Pair. La princesse lui dit qu'on la nommait Brillante. La vieille parut charmée d'un si aimable nom.

La vieille bergère ayant peur que Brillante n'eût faim, lui présenta dans une terrine fort propre du lait doux, avec du pain bis, des œufs frais, du beurre nouveau battu, et un fromage à la crème. Sans-Pair courut dans sa cabane, il en apporta des fraises, des noisettes, des cerises et d'autres fruits, tous entourés de fleurs ; et pour avoir lieu de rester plus longtemps auprès de Brillante, il lui demanda permission d'en manger avec elle. Elle le voyait avec un plaisir extrême ; et quelque froideur qu'elle affectât, elle sentait bien que sa présence ne lui serait point indifférente.

Lorsqu'il l'eut quittée, elle pensa encore longtemps à lui, et lui à elle. Il la voyait tous les jours, il conduisait son troupeau dans le lieu où elle faisait paître le sien, il jouait de la flûte et de la musette pour la faire danser. Mais comme Brillante s'appliquait à fuir Sans-Pair, un jour qu'il avait résolu de lui parler, il prit un petit agneau qu'il enjoliva de rubans et de fleurs ; il lui mit un collier de paille peinte, travaillé si proprement, que c'était une espèce de chef-d'œuvre. Il avait un habit de taffetas couleur de rose, couvert de dentelles d'Angleterre, une houlette garnie de rubans, une panetière ; et en cet état tous les Céladons du monde n'auraient osé paraître devant lui. Il trouva Brillante assise au bord d'un ruisseau qui coulait lentement dans le plus épais du bois : ses moutons y paissaient épars ; la profonde tristesse de la bergère ne lui permettait pas de leur donner ses soins. Sans-Pair l'aborda d'un air timide ; il lui présenta le petit agneau. Mais Brillante s'éloigna. Le prince désespéré voulut la suivre ; mais sa douleur devint si forte, qu'il tomba sans connaissance au pied d'un arbre.

Brillante ne put s'empêcher de tourner plusieurs fois la tête, pour regarder s'il la suivait ; elle l'aperçut tomber demi-mort : elle l'aimait, et elle se refusa la consolation de le secourir.

Depuis qu'elle avait été transportée dans ces lieux, elle avait entendu parler d'un célèbre enchanteur qui demeurait dans un château qu'il avait bâti avec sa sœur aux confins de l'île : on ne parlait que de leur savoir ; et sans en rien dire à sa charitable hôtesse, elle se mit en chemin. Elle ne s'arrêtait ni jour ni nuit, tant elle avait envie d'arriver au château pour guérir de sa tendresse.

Elle continua son chemin vers le château ; elle y parvint, et elle y entra sans obstacle. Elle traversa plusieurs grandes cours, où l'herbe et les ronces étaient si hautes, qu'il semblait qu'on n'y avait pas marché depuis cent ans : elle les rangea avec ses mains, qu'elle égratigna en plus d'un endroit. Elle entra dans une salle où le jour ne venait que par un petit trou : elle était tapissée d'ailes de chauves-souris. Il y avait douze chats pendus au plancher, qui servaient de lustres, et qui faisaient un miaulis à faire perdre patience ; et sur une longue table, douze grosses souris attachées par la queue, qui avaient chacune devant elles un morceau de lard, où elles ne pouvaient atteindre ; de sorte que les chats voyaient les souris sans les pouvoir manger, les souris craignaient les chats, et désespéraient de faim auprès d'un bon morceau de lard.

Le princesse considérait le supplice de ces animaux, lorsqu'elle vit entrer l'enchanteur avec une longue robe noire : il avait sur sa tête un crocodile, qui lui servait de bonnet ; et jamais il n'a été une coiffure si effrayante. Ce vieillard portait des lunettes et un fouet à la main d'une vingtaine de longs serpents tous en vie. Oh! que la princesse eut de peur! qu'elle regretta dans ce moment son berger, ses moutons et son chien! Elle ne pensa qu'à fuir; et sans dire mot à ce terrible homme, elle courut vers la porte, mais elle était couverte de toiles d'araignées. Elle en leva une, et elle en trouva une autre qu'elle leva encore, et à laquelle une troisième succéda; elle la lève, il en paraît une nouvelle, qui était devant une autre : enfin ces vilaines portières de toiles d'araignées étaient sans nombre. La pauvre princesse n'en pouvait plus de lassitude; ses bras n'étaient pas assez forts pour soutenir ces toiles. Elle voulut s'asseoir par terre, afin de se reposer un peu, elle sentit de longues épines qui la pénétraient : elle fut bientôt relevée, et se mit encore en devoir de passer, mais toujours il paraissait une toile sur l'autre. Le méchant vieillard, qui la regardait, faisait des éclats de rire à s'en engouer. A la fin il l'appela, et lui dit : Tu passerais là le reste de ta vie sans en venir à bout. Tu me sembles jeune, et plus belle que tout ce que j'ai vu de plus beau; si tu veux, je t'épouserai; je te donnerai ces douze chats que tu vois pendus au plancher, pour en faire tout ce que tu voudras, et ces douze souris qui sont sur cette table seront tiennes aussi. Les chats sont autant de princes, et les souris autant de princesses. Les friponnes en différents temps avaient eu l'honneur de me plaire (car j'ai toujours été aimable et galant); aucune d'elles ne voulut m'aimer. Ces princes étaient mes rivaux, et plus heureux que moi. La jalousie me prit : je trouvai le moyen de les attirer ici, et à mesure que je les ai attrapés, je les ai métamorphosés en chats et en souris. Ce qui est plaisant, c'est qu'ils se haïssent autant qu'ils se sont aimés, et que l'on ne peut guère trouver une vengeance plus complète. — Ah! seigneur, s'écria Brillante, rendez-moi souris; je ne le mérite pas moins que ces pauvres princesses. — Comment! dit le magicien, petite bergeronnette, tu ne veux donc pas m'aimer? — J'ai résolu de n'aimer jamais, dit-elle. — Oh! que tu es simple, continua-t-il; je te nourrirai à merveille, je te ferai des contes, je te donnerai les plus beaux habits du monde, tu n'iras qu'en carrosse et en litière, tu t'appelleras madame. — J'ai résolu de n'aimer jamais, dit encore la princesse. — Prends garde à ce que tu dis, s'écria l'enchanteur en colère, tu t'en repentirais pour longtemps. — N'importe, dit Brillante, j'ai résolu de n'aimer jamais. — Hé bien, trop indifférente créature, dit-il en la touchant, puisque tu ne veux pas aimer, tu dois être d'une espèce particulière : tu ne seras donc à l'avenir ni chair ni poisson; tu n'auras ni sang ni os; tu seras verte, parce que tu es encore dans ta verte jeunesse; tu seras légère et fringante, tu vivras dans les prairies comme tu vivais; on t'appellera sauterelle. Au même moment, la princesse Brillante devint la plus jolie sauterelle du monde; et jouissant de sa liberté, elle se rendit promptement dans le jardin.

Quand Sans-Pair revint à lui, il se rendit chez la vieille bergère où Brillante se retirait, il apprit qu'elle n'avait point paru depuis la veille! Il pensa mourir d'inquiétude. Il s'éloigna, accablé de mille pensées différentes; il s'assit tristement au bord de la rivière; il fut près cent fois de s'y jeter, et de chercher dans la fin de sa vie celle de ses malheurs.

Il fut abordé par une vieille femme qui avait une fraise au cou, un vertugadin, un moule sous ses cheveux blancs, un chaperon de velours, et son antiquité avait quelque chose de vénérable. — Mon fils, lui dit-elle, vous poussez des regrets bien amers; je vous prie de m'en apprendre le sujet. — Hélas! ma bonne mère, lui dit Sans-Pair, je déplore l'éloignement d'une aimable bergère qui me fuit: j'ai résolu de l'aller chercher par toute la terre, jusqu'à ce que je l'aie trouvée. — Allez de ce côté-là, mon enfant, lui dit-elle, en lui montrant le chemin du château où la pauvre Brillante était devenue sauterelle. J'ai un pressentiment que vous ne la chercherez pas longtemps. Sans-Pair la remercia.

Le prince n'eut aucune rencontre sur sa route digne de l'arrêter; mais en arrivant dans le bois, proche le château du magicien et de sa sœur, il crut voir sa bergère; il se hâta de la suivre; elle s'éloigna. Le fantôme fuyait encore plus loin; et dans cet exercice, le reste du jour se passa. Lorsque la nuit fut venue, il vit beaucoup de lumières dans le château : il se flatta que sa bergère y pouvait être. Il y court; il entre sans aucun empêchement. Il monte, et trouve dans un salon magnifique une grande et vieille fée d'une horrible maigreur. Ses yeux ressemblaient à deux lampes éteintes, on voyait le jour au travers de ses joues : ses bras étaient comme des lattes, ses doigts comme des fuseaux; une peau de chagrin noir couvrait son squelette : avec cela elle avait du rouge, des mouches, des rubans verts et couleur de rose, un manteau de brocard d'argent, une couronne de diamants sur sa tête, et des pierreries partout.

— Enfin, prince, lui dit-elle, vous arrivez dans un lieu où je vous souhaite depuis longtemps. Ne songez plus à votre petite bergère; une passion si disproportionnée vous doit faire rougir. Je suis la reine des météores; je vous veux du bien, et je puis vous en faire d'infinis si vous m'aimez. — Vous aimer, s'écria le prince, en la regardant d'un œil indigné, vous aimer, madame! Non, je ne saurais consentir à une infidélité; et je sens même que si je changeais l'objet de mes amours, ce ne serait pas vous qui le deviendriez. Choisissez dans vos météores quelque influence qui vous accommode; aimez l'air, aimez les vents, et laissez les mortels en paix.

La fée était fière et colère; en deux coups de baguette, elle remplit la galerie de monstres affreux, contre lesquels il fallut que le jeune prince exerçât son adresse et sa valeur. Les uns paraissaient avec plusieurs têtes et plusieurs bras, les autres avaient la figure d'un centaure ou d'une sirène, plusieurs lions à face humaine, des sphinx et des dragons volants. Sans-Pair n'avait que sa seule houlette et un petit épieu dont il s'était armé en commençant son voyage. La grande fée faisait cesser de temps en temps le chamailli, et lui demandait s'il voulait l'aimer. Il disait toujours qu'il se vouait à l'amour fidèle, qu'il ne pouvait changer. Lassée de sa fermeté, elle fit paraître Brillante : Hé bien, lui dit-elle, tu vois ta maîtresse au fond de cette galerie, songe à ce que tu vas faire : si tu refuses de m'épouser, elle sera déchirée et mise en pièces à tes yeux par des tigres. — Ah! madame, s'écria le prince en se jetant à ses pieds, je me dévoue volontiers à la mort pour sauver ma chère maîtresse; épargnez ses jours en abrégeant les miens. — Il n'est pas question de ta mort, répliqua la fée, traître, il est question de ton cœur et de ta main. Pendant qu'ils parlaient, le prince entendait la voix de sa bergère qui semblait se plaindre. — Voulez-vous me laisser dévorer! lui disait-elle. Si vous m'aimez, déterminez-vous à faire ce que la reine vous ordonne.

Le pauvre prince hésitait : Hé quoi! Bénigne, s'écria-t-il, m'avez-vous donc abandonné, après tant de promesses? Venez, venez nous secourir. Ces mots furent à peine prononcés, qu'il entendit une voix dans les airs, qui prononçait distinctement ces paroles :

« Laisse agir le destin ; mais sois fidèle, et cherche le « Rameau d'Or. »

La grande fée, qui s'était crue victorieuse par le secours de tant de différentes illusions, pensa se désespérer de trouver en son chemin un aussi puissant obstacle que la protection de Bénigne. — Fuis ma présence, s'écria-t-elle, prince malheureux et opiniâtre; puisque ton cœur est rempli de tant de flammes, tu seras un grillon, ami de la chaleur et du feu.

Sur-le-champ, le beau et merveilleux prince Sans-Pair devint un petit grillon noir, qui se serait brûlé tout vif dans la première cheminée ou le premier four, s'il ne s'était pas souvenu de la voix favorable qui l'avait rassuré. — Il faut, dit-il, chercher le Rameau d'Or, peut-être que je m'y dégrillonnerai. Ah! si j'y trouvais ma bergère, que manquerait-il à ma félicité?

Le grillon se hâta de sortir du fatal palais; et sans savoir où il fallait aller, il se recommanda aux soins de la belle fée Bénigne, puis il partit sans équipage et sans bruit; car un grillon ne craint ni les voleurs, ni les mauvaises rencontres. Au premier gîte, qui fut dans le trou d'un arbre, il trouva une sauterelle fort triste : elle ne chantait point. Le grillon ne s'avisant pas de soupçonner que ce fût une personne toute pleine d'esprit et de raison, lui dit : — Où va ainsi ma commère la sauterelle? Elle lui répondit aussitôt : — Et vous, mon compère le grillon, où allez-vous? Cette réponse surprit étrangement l'amoureux grillon. — Quoi! vous parlez? s'écria-t-il. — Hé! vous parlez bien, s'écria-t-elle. Pensez-vous qu'une sauterelle ait des priviléges moins étendus qu'un grillon? — Je puis bien parler, dit le grillon, puisque je suis un homme. — Et par la même règle, dit la sauterelle, je dois encore plus parler que vous, puisque je suis une fille. — Vous avez donc éprouvé un sort semblable au mien? dit le grillon. — Sans doute, dit la sauterelle. — Je serais ravi, ajouta le grillon, que nous fussions longtemps ensemble. — Mais où allez-vous ainsi? demanda la sauterelle. — Une voix qui m'est inconnue, répliqua-t-il, s'est fait entendre dans l'air; elle a dit : « Laisse aller le destin, et cherche le Rameau d'Or. » Il m'a semblé que cela ne pouvait être dit que pour moi. Sans hésiter, je suis parti, quoique j'ignore où je dois aller.

Leur conversation fut interrompue par deux souris qui

couraient de toute leur force, et qui, voyant un trou au pied de l'arbre, se jetèrent dedans la tête la première, et pensèrent étouffer le compère grillon et la commère sauterelle. Ils se rangèrent de leur mieux dans un petit coin. — Ah! madame, dit la plus grosse souris, j'ai mal au côté d'avoir tant couru; comment se porte votre altesse? — J'ai arraché ma queue, répliqua la plus jeune souris; car, sans cela, je tiendrais encore sur la table de ce vieux sorcier. Mais as-tu vu comme il nous a poursuivies? Que nous sommes heureuses d'être sauvées de son palais infernal!
—Je crains un peu les chats et les ratières, ma princesse, continua la grosse souris, et je fais des vœux ardents pour arriver bientôt au Rameau d'Or. — Tu en sais donc le chemin, dit l'altesse sourissonne? — Si je le sais, madame? comme celui de ma maison, répliqua l'autre. Ce Rameau est merveilleux; une seule de ses feuilles suffit pour être toujours riche: elle fournit de l'argent, elle désenchante, elle rend belle et conserve la jeunesse. Il faut avant le jour nous mettre en campagne. — Nous aurons l'honneur de vous accompagner, un honnête grillon que voici, et moi, si vous le trouvez bon, mesdames, dit la sauterelle; car nous sommes aussi bien que vous pèlerins du Rameau d'Or. Il y eut alors beaucoup de compliments faits de part et d'autre; les souris étaient les princesses que ce méchant enchanteur avait liées sur la table, et pour le grillon et la sauterelle, ils avaient une politesse qui ne se démentait jamais.

Chacun d'eux s'éveilla très matin ; ils partirent de compagnie fort silencieusement, car ils craignaient que des chasseurs à l'affût, les entendant parler, ne les prissent pour les mettre en cage : ils arrivèrent ainsi au Rameau d'Or. Il était planté au milieu d'un jardin merveilleux; au lieu de sable les allées étaient remplies de petites perles orientales plus rondes que des pois; les roses étaient des diamants incarnats, et les feuilles d'émeraudes; les fleurs de grenades de grenats, les soucis de topazes, les jonquilles de brillants jaunes, les violettes de saphirs, des bluets de turquoises, les tulipes d'améthystes, opales et diamants, enfin, la quantité et la diversité de ces belles fleurs brillait plus que le soleil.

C'était donc là (comme je l'ai déjà dit) qu'était le Rameau d'Or, le même que le prince Sans-Pair reçut de l'aigle et dont il toucha la fée Bénigne lorsqu'elle était enchantée. Il était devenu aussi haut que les plus grands arbres, et tout chargé de rubis, qui formaient des cerises. Dès que le grillon, la sauterelle, et les deux souris s'en furent approchés, ils reprirent leur forme naturelle. Quelle joie! quel transport ne ressentit point l'amoureux prince à la vue de sa belle bergère? Il se jeta à ses pieds; il allait lui dire tout ce qu'une surprise si agréable et si peu espérée lui faisait ressentir, lorsque le reine Bénigne et le roi Trasimène parurent dans une pompe sans pareille; car tout répondait à la magnificence du jardin. Quatre amours armés de pied en cap, l'arc au côté, le carquois sur l'épaule, soutenaient avec leurs flèches un petit pavillon de brocard or et bleu, sous lequel paraissaient deux riches couronnes. — Venez, aimables amants, s'écria la reine, en leur tendant les bras, venez recevoir de nos mains les couronnes que votre vertu, votre naissance et votre fidélité méritent ; vos travaux vont se changer en plaisir. Princesse Brillante, continua-t-elle, ce berger si terrible à votre cœur, est le même prince qui vous fut destiné par votre père et par le sien : il n'est point mort dans la tour ; recevez-le pour époux, et me laissez le soin de votre repos et de votre bonheur. La princesse ravie se jeta au cou de Bénigne, et lui laissant voir les larmes qui coulaient de ses yeux, elle connut par son silence que l'excès de joie lui ôtait l'usage de la parole. Sans-Pair s'était mis aux pieds de cette généreuse fée, il baisait respectueusement ses mains, et disait mille choses sans ordre et sans suite. Trasimène lui faisait de grandes caresses, et Bénigne leur conta en peu de mots qu'elle ne les avait presque point quittés ; que c'était elle qui avait proposé à Brillante de souffler dans le manchon jaune et blanc ; qu'elle avait pris la figure d'une vieille bergère pour loger la princesse chez elle ; que c'était elle encore qui avait enseigné au prince de quel côté il fallait suivre sa bergère. A la vérité, continua-t-elle, vous avez eu des peines que je vous aurais évitées, si j'en avais été la maîtresse ; mais enfin les plaisirs d'amour veulent être achetés.

L'on entendit aussitôt une douce symphonie qui retentit de tous côtés ; les amours se hâtèrent de couronner les jeunes amants ; l'hymen se fit, et pendant cette cérémonie, les deux princesses qui venaient de quitter la figure de souris, conjurèrent la fée d'user de son pouvoir pour délivrer du château de l'enchanteur les souris et les chats infortunés qui s'y désespéraient. Ce jour-ci est trop célébre, dit-elle, pour vous rien refuser. En même temps elle frappe le Rameau d'Or, et tous ceux qui avaient été retenus dans le château parurent; chacun, sous sa forme naturelle, y retrouva sa maîtresse : la fée libérale, voulant que tout se ressentît de la fête, leur donna l'armoire du donjon à partager entre eux : ce présent valait plus que dix royaumes de ce temps-là. Il est aisé d'imaginer leur satisfaction et leur reconnaissance. Bénigne et Trasimène achevèrent ce grand ouvrage par une générosité qui surpassait tout ce qu'ils avaient fait jusqu'alors, déclarant que le palais et le jardin du Rameau d'Or seraient à l'avenir au roi Sans-Pair et à la reine Brillante; cent autres rois en étaient tributaires, et cent royaumes en dépendaient.

Lorsqu'une fée offrait son secours à Brillante,
Qui ne l'était pas trop pour lors,
Elle pouvait d'une beauté charmante
Demander les rares trésors.
C'est une chose bien tentante !
Je n'en veux prendre pour témoins
Que les embarras et les soins
Dont pour la conserver le sexe se tourmente.
Mais Brillante n'écouta pas
Le désir séducteur de servir des appas ;
Elle aima mieux avoir l'esprit et l'âme belle.
Les roses et les lys d'un visage charmant,
Comme les autres fleurs, passent dans un moment,
Et l'âme demeure immortelle.

LA PETITE SOURIS BLANCHE.

LA BONNE PETITE SOURIS.

Il y avait une fois un roi et une reine qui s'aimaient si tendrement, qu'ils faisaient la félicité l'un de l'autre. Leurs cœurs et leurs sentiments se trouvaient toujours d'intelligence : ils allaient tous les jours à la chasse tuer des lièvres et des cerfs. Ils allaient à la pêche prendre des soles et des carpes; au bal, danser la bourrée et la pavane; à de grands festins, manger du rôt et des dragées; à la comédie et à l'opéra, ils riaient, ils chantaient; ils se faisaient mille pièces pour se divertir. Leurs sujets suivaient l'exemple du roi et de la reine; ils se divertissaient à l'envi l'un de l'autre. Par toutes ces raisons, l'on appelait ce royaume le pays de joie.

Il arriva qu'un roi, voisin du roi Joyeux, vivait tout différemment. Il était ennemi déclaré des plaisirs; il ne demandait que plaies et bosses; il avait une mine refrognée, une grande barbe, les yeux creux; il était maigre et sec, toujours vêtu de noir, des cheveux hérissés, gras et crasseux. Pour lui plaire, il fallait tuer et assommer les passants; il pendait lui-même les criminels; il se réjouissait à leur faire du mal. Quand une bonne maman aimait bien sa petite fille ou son petit garçon, il l'envoyait quérir, et devant elle il lui rompait les bras ou lui tordait le cou. On nommait ce royaume le pays des larmes.

Le méchant roi entendit parler de la satisfaction du roi Joyeux; il devint jaloux du bonheur de ce prince, et rassembla une armée, afin d'aller dévaster ses États.

Lorsque tout fut prêt, il s'avança vers le pays du roi Joyeux. A ces mauvaises nouvelles, il se mit promptement en défense; la reine mourait de peur, elle lui disait en pleurant : Sire, il faut nous enfuir; tâchons d'avoir bien de l'argent, et nous en allons tant que terre pourra nous porter. Le roi répondait : — Fi, madame, j'ai trop de courage ; il vaudrait mieux mourir que d'être un poltron. Il ramassa tous ses gens d'armes, dit un tendre adieu à la reine, monta sur un beau cheval, et partit.

Quand elle l'eut perdu de vue, elle se mit à pleurer douloureusement ; et joignant ses mains, elle disait : Hélas ! si le roi est tué à la guerre, je serai veuve et prisonnière, le méchant roi me fera dix mille maux. Cette pensée l'empêchait de manger et de dormir. Il lui écrivait tous les jours ; mais un matin qu'elle regardait par-dessus les murailles, elle vit venir un courrier qui courait de toute sa force, elle l'appela : Ho, courrier, ho ! quelle nouvelle ? — Le roi est mort, s'écria-t-il, la bataille est perdue, le méchant roi arrivera dans un moment.

La pauvre reine tomba évanouie ; on la porta dans son

lit, et toutes ses dames étaient autour d'elle, qui pleuraient, l'une son père, l'autre son fils ; elles s'arrachèrent les cheveux, c'était la chose du monde la plus pitoyable.

Voilà que tout d'un coup l'on entend : Au meurtre et au larron !

C'était le méchant roi qui arrivait avec tous ses malheureux sujets, ils tuaient ceux qu'ils rencontraient. Il entra tout armé dans la maison du roi, et monta dans la chambre de la reine. Quand elle le vit entrer, elle eut si grande peur, qu'elle s'enfonça dans son lit, et mit la couverture sur sa tête. Il l'appela deux ou trois fois, mais elle ne disait mot ; il se fâcha, et dit : Je crois que tu te moques de moi ; sais-tu que je peux t'égorger tout à l'heure ? Il la découvrit, lui arracha ses cornettes, ses beaux cheveux tombèrent sur ses épaules ; il en fit trois tours à sa main, et la chargea dessus son dos comme un sac de blé ; il l'emporta ainsi, et monta sur son grand cheval, qui était tout noir. Elle le priait d'avoir pitié d'elle, il s'en moquait, et lui disait : Crie, plains-toi, cela me fait rire et me divertit.

Il l'emmena en son pays, et jura pendant tout le chemin qu'il était résolu de la pendre ; mais on lui dit que c'était dommage, et qu'elle allait être mère.

Quand il vit cela, il lui vint dans l'esprit que si elle accouchait d'une fille, il la marierait avec son fils ; et pour savoir ce qui en était, il envoya querir une fée qui demeurait près de son royaume. Étant venue, il la régala mieux qu'il n'avait de coutume ; ensuite il la mena dans une tour, au haut de laquelle la pauvre reine avait une chambre bien petite et bien pauvrement meublée. Elle était couchée par terre, sur un matelas qui ne valait pas deux sous, où elle pleurait jour et nuit.

La fée en la voyant fut attendrie; elle lui fit la révérence, et lui dit tout bas en l'embrassant : Prenez courage, madame, vos malheurs finiront; j'espère y contribuer. La reine, un peu consolée de ces paroles, la caressait et la priait d'avoir pitié d'une pauvre princesse qui avait joui d'une grande fortune, et qui s'en voyait bien éloignée. Elles parlaient ensemble, quand le méchant roi dit : Allons, point tant de compliments; je vous ai amenée ici pour me dire si cette esclave va être mère d'un garçon ou d'une fille. La fée répondit : — Elle sera mère d'une fille, qui sera la plus belle princesse et la mieux apprise que l'on ait jamais vue. Elle lui souhaita ensuite des biens et des honneurs infinis. — Si elle n'est pas belle et bien apprise, dit le méchant roi, je la pendrai au cou de sa mère, et sa mère à un arbre, sans que rien m'en puisse empêcher. Après cela il sortit avec la fée, et ne regarda pas la bonne reine, qui pleurait amèrement; car elle disait en elle-même : Hélas! que ferai-je? Si j'ai une belle petite fille, il la donnera à son magot de fils; et si elle est laide, il nous pendra toutes deux. A quelle extrémité suis-je réduite? Ne pourrais-je point la cacher quelque part, afin qu'il ne la vît jamais!

Le temps où la petite princesse devait venir au monde approchait, et les inquiétudes de la reine augmentaient : elle n'avait personne avec qui se plaindre et se consoler. Le geôlier qui la gardait, ne lui donnait que trois pois cuits dans l'eau pour toute la journée, avec un petit morceau de pain noir. Elle devint plus maigre qu'un hareng : elle n'avait plus que la peau et les os.

Un soir qu'elle filait (car le méchant roi, qui était fort

avare, la faisait travailler jour et nuit), elle vit entrer par un trou une petite souris, qui était fort jolie. Elle lui dit : Hélas! ma mignonne, que viens-tu chercher ici? Je n'ai que trois pois pour toute ma journée; si tu ne veux jeûner, va-t'en. La petite souris courait de çà, courait de là, dansait, cabriolait comme un petit singe; et la reine prenait un si grand plaisir à la regarder, qu'elle lui donna le seul pois qui restait pour son souper. Tiens, ma mignonne, mange, je n'en ai pas davantage, et je te le donne de bon cœur. Dès qu'elle eut fait cela, elle vit sur sa table une perdrix excellente, cuite à merveille, et deux pots de confitures En vérité, dit-elle, un bienfait n'est jamais perdu. Elle jeta du bonbon à la souris, qui le grignota encore, et puis elle se mit à sauter mieux qu'avant le souper.

Le lendemain matin le geôlier apporta de bonne heure les trois pois de la reine, qu'il avait mis dans un grand plat pour se moquer d'elle; la petite souris vint doucement, et les mangea tous trois, et le pain aussi. Quand la reine voulut dîner, elle ne trouva plus rien : la voilà bien fâchée contre la souris. C'est une méchante petite bête, disait-elle ; si elle continue, je mourrai de faim. Comme elle voulut couvrir le grand plat qui était vide, elle trouva dedans toutes sortes de bonnes choses à manger : elle en fut bien aise, et mangea; mais en mangeant, il lui vint dans l'esprit que le méchant roi ferait peut-être mourir dans deux ou trois jours son enfant, et elle quitta la table pour pleurer ; puis elle disait, en levant les yeux au ciel : Quoi ! n'y a-t-il point quelque moyen de se sauver? En disant cela, elle vit la petite souris qui jouait avec de longs brins de paille ; elle les prit, et commença de travailler avec. Si j'ai assez de paille, dit-elle, je ferai une corbeille couverte pour mettre ma petite fille, et je la donnerai par la fenêtre à la première personne charitable qui voudra en avoir soin.

Elle se mit donc à travailler de bon courage ; la paille ne lui manquait point, la souris en traînait toujours par la chambre, où elle continuait de sauter; et aux heures de repas, la reine lui donnait ses trois pois, et trouvait en échange cent sortes de ragoûts. Elle en était bien étonnée; elle songeait sans cesse qui pouvait lui envoyer de si excellentes choses.

La reine regardait un jour à la fenêtre, pour voir de quelle longueur elle ferait cette corde, dont elle devait attacher la corbeille pour la descendre. Elle aperçut en bas une bonne petite femme qui s'appuyait sur un bâton, et qui lui dit : Je sais votre peine, madame ; si vous voulez je vous servirai. — Hélas ! ma chère amie, lui dit la reine, vous me ferez un grand plaisir ; venez tous les soirs au bas de la tour, je vous descendrai mon pauvre enfant ; vous le nourrirez, et je tâcherai, si je suis jamais riche, de vous bien payer. Je ne suis pas intéressée, répondit la vieille, mais je suis friande ; il n'y a rien que j'aime tant

qu'une souris grassette et dodue. Si vous en trouvez dans votre galetas, tuez-les et me les jetez ; je n'en serai point ingrate, votre poupard s'en trouvera bien.

La reine l'entendant se mit à pleurer sans rien répondre ; et la vieille, après avoir un peu attendu, lui demanda pourquoi elle pleurait. C'est, dit-elle, qu'il ne vient dans ma chambre qu'une seule souris, qui est si jolie, si joliette, que je ne puis me résoudre à la tuer. — Comment ! dit la vieille en colère, vous aimez donc mieux une friponne de petite souris, qui ronge tout, que l'enfant que vous allez avoir ? Eh bien, madame, vous n'êtes pas à plaindre, restez en si bonne compagnie, j'aurai bien des souris sans vous, je ne m'en soucie guère. Elle s'en alla grondant et marmottant.

Quoique la reine eût un bon repas, et que la souris vînt danser devant elle, jamais elle ne leva les yeux de terre, où elle les avait attachés, et les larmes coulaient le long de ses joues.

Elle eut cette même nuit une princesse qui était un miracle de beauté ; au lieu de crier comme les autres enfants, elle riait à sa bonne maman, et lui tendait ses petites menottes, comme si elle eût été bien raisonnable. La reine la caressait et la baisait de tout son cœur, songeant tristement : Pauvre mignonne, chère enfant ! si tu tombes entre les mains du méchant roi, c'est fait de ta vie. Elle l'enferma dans la corbeille, avec un billet attaché sur son maillot, où était écrit : *Cette infortunée petite fille a nom Joliette*. Et quand elle l'avait laissée un moment sans la regarder, elle ouvrait encore la corbeille, et la trouvait embellie ; puis elle la baisait et pleurait plus fort, ne sachant que faire.

Mais voici la petite souris qui vient, et qui se met dans la corbeille avec Joliette. Ah! petite bestiole, dit la reine, que tu me coûtes cher pour te sauver la vie! Peut-être que je perdrai ma chère Joliette! Une autre que moi t'aurait tuée, et donnée à la vieille friande; je n'ai pu y consentir. La souris commence à dire: Ne vous en repentez point, madame, je ne suis pas si indigne de votre amitié que vous le croyez. La reine mourait de peur d'entendre parler la souris; mais sa peur augmenta bien, quand elle aperçut que son petit museau prenait la forme d'un visage, que ses pattes devinrent des mains et des pieds, et qu'elle grandit tout d'un coup. Enfin, la reine n'osant presque la regarder, la reconnut pour la fée qui l'était venue voir avec le méchant roi, et qui lui avait fait tant de caresses.

Elle lui dit: J'ai voulu éprouver votre cœur; j'ai reconnu qu'il est bon, et que vous êtes capable d'amitié. Nous autres fées qui possédons des trésors et des richesses immenses, nous ne cherchons pour la douceur de la vie que de l'amitié, et nous en trouvons rarement.—Est-il possible, belle dame, dit la reine en l'embrassant, que vous ayez de la peine à trouver des amies, étant si riche et si puissante? — Oui, répliqua-t-elle, car on ne nous aime que par intérêt, et cela ne nous touche guère; mais quand vous m'avez aimée en petite souris, ce n'était pas un motif d'intérêt. J'ai voulu vous éprouver plus fortement, j'ai pris la figure d'une vieille: c'est moi qui vous ai parlé au bas de la tour, et vous m'avez toujours été fidèle. A ces mots, elle embrassa la reine; puis elle baisa trois fois le béco vermeil de la petite princesse, et elle lui dit: Je te doue, ma fille, d'être la consolation de ta mère, et plus riche que ton père; de vivre cent ans toujours belle, sans maladie, sans rides et sans vieillesse. La reine toute ravie la remercia, et la pria d'emporter Joliette, et d'en prendre soin, ajoutant qu'elle la lui donnait pour sa fille.

La fée l'accepta et la remercia ; elle mit la petite dans la corbeille qu'elle descendit en bas ; mais s'étant un peu arrêtée à reprendre sa forme de petite souris, quand elle descendit après elle par la cordelette, elle ne trouva plus l'enfant ; et remontant fort effrayée : Tout est perdu, dit-elle à la reine, mon ennemie Cancaline vient d'enlever la princesse ! Il faut que vous sachiez que c'est une cruelle fée qui me hait ; et par malheur, étant mon ancienne, elle a plus de pouvoir que moi. Je ne sais par quel moyen retirer Joliette de ses vilaines griffes.

Quand la reine entendit de si tristes nouvelles, elle pensa mourir de douleur ; elle pleura bien fort, et pria sa bonne amie de tâcher de ravoir la petite, à quelque prix que ce fût.

Cependant le geôlier vint dans la chambre de la reine, il vit qu'elle était mère ; il fut le dire au roi, qui accourut pour lui demander son enfant ; mais elle dit qu'une fée, dont elle ne savait pas le nom, l'était venue prendre de force. Voilà le méchant roi qui frappait du pied, et qui rongeait ses ongles jusqu'au dernier morceau : Je t'ai promis, dit-il, de te pendre ; je vais tenir ma parole tout à l'heure. En même temps il traîne la pauvre reine dans un bois, grimpe sur un arbre, et l'allait pendre, lorsque la fée se rendit invisible, et le poussant rudement, elle le fit tomber du haut de l'arbre ; il se cassa quatre dents. Pendant qu'on tâchait de les raccommoder, la fée enleva la reine dans son char volant, et elle l'emporta dans un beau château. Elle en prit grand soin, et si elle avait eu la prin-

cesse Joliette, elle aurait été contente ; mais on ne pouvait découvrir en quel lieu Cancaline l'avait mise, bien que la petite souris y fît tout son possible.

Enfin le temps se passait, et la grande affliction de la reine diminuait. Il y avait quinze ans déjà, lorsqu'on entendit dire que le fils du méchant roi s'allait marier à sa dindonnière, et que cette petite créature n'en voulait point. Cela était bien surprenant qu'une dindonnière refusât d'être reine ; mais pourtant les habits de noce étaient faits, et c'était une si belle noce, qu'on y allait de cent lieues à la ronde. La petite souris s'y transporta ; elle voulait voir la dindonnière tout à son aise. Elle entra dans le poulailler, et la trouva vêtue d'une grosse toile, nu-pieds, avec un torchon gras sur sa tête. Il y avait là des habits d'or et d'argent, des diamants, des perles, des rubans, des dentelles qui traînaient à terre ; les dindons se juchaient dessus, les crottaient et les gâtaient. La dindonnière était assise sur une grosse pierre ; le fils du méchant roi, qui était tortu, borgne et boiteux, lui disait rudement : Si vous me refusez votre cœur, je vous tuerai. Elle lui répondait fièrement : Je ne vous épouserai point, vous êtes trop laid ; vous ressemblez à votre cruel père. Laissez-moi en repos avec mes petits dindons, je les aime mieux que toutes vos braveries.

La petite souris la regardait avec admiration ; car elle était aussi belle que le soleil. Dès que le fils du méchant roi fut sorti, la fée prit la figure d'une vieille bergère, et lui dit : Bonjour, ma mignonne, voilà vos dindons en bon état. La jeune dindonnière regarda cette vieille avec des yeux pleins de douceur, et lui dit : L'on veut que je les quitte pour une méchante couronne ; que m'en conseillez-vous ? Ma petite fille, dit la fée, une couronne est fort belle, vous n'en connaissez pas le prix ni le poids. — Mais si fait, je les connais, repartit promptement la dindonnière, puisque je refuse de m'y soumettre ; je ne sais pourtant qui je suis, ni où est mon père, ni où est ma mère : je me trouve sans parents et sans amis. — Vous avez beauté et vertu, mon enfant, dit la sage fée, qui valent mieux que dix royaumes : contez-moi, je vous prie, qui vous a donc mise ici, puisque vous n'avez ni père, ni mère, ni parents, ni amis. — Une fée, appelée Cancaline, est cause que j'y suis venue ; elle me battait, elle m'assommait sans sujet et sans raison. Je m'enfuis un jour, et ne sachant où aller, je m'arrêtai dans un bois ; le fils du méchant roi s'y vint promener, il me demanda si je voulais servir à sa basse-cour. Je le voulus bien, j'eus soin des dindons ; il venait à tout moment les voir, et il me voyait aussi. Hélas ! sans que j'en eusse envie, il se mit à m'aimer tant et tant, qu'il m'importune fort.

La fée, à ce récit, commença de croire que la dindonnière était la princesse Joliette ; elle lui dit : Ma fille, apprenez-moi votre nom. — Je m'appelle Joliette, pour vous rendre service, dit-elle. A ce mot, la fée ne douta plus de la vérité, et lui jetant les bras au cou, elle pensa la manger de caresses ; puis elle lui dit : Joliette, je vous connais il y a longtemps, je suis bien aise que vous soyez si sage et si bien apprise ; mais je voudrais que vous fussiez plus propre, car vous ressemblez à une petite souillon ; prenez les beaux habits que voilà, et vous accommodez.

Joliette, qui était fort obéissante, quitta aussitôt le torchon gras qu'elle avait dessus la tête, et la secouant un peu, elle se trouva toute couverte de ses cheveux, qui étaient blonds comme un bassin, et déliés comme fil d'or : ils tombaient par boucles jusqu'à terre ; puis prenant dans ses mains délicates de l'eau à une fontaine, qui coulait proche le poulailler, elle se débarbouilla le visage, qui devint aussi clair qu'une perle orientale. Il semblait que des roses s'étaient épanouies sur ses joues et sur sa bouche ; sa douce haleine sentait le thym et le serpolet, elle avait le corps plus droit qu'un jonc ; en temps d'hiver l'on eût pris sa peau pour de la neige; en temps d'été, c'était des lys.

Quand elle fut parée des diamants et des belles robes, la fée la considéra comme une merveille ; elle lui dit : Qui croyez-vous être, ma chère Joliette, car vous voilà bien belle? Elle répliqua : En vérité, il me semble que je suis la fille de quelque grand roi. — En seriez-vous bien aise? dit la fée. — Oui, ma bonne mère, répondit Joliette, en faisant la révérence; j'en serai fort aise. — Hé bien, dit la fée, soyez donc contente, je vous en dirai davantage demain.

Elle se rendit en diligence à son beau château, où la reine était occupée à filer de la soie. La petite souris lui cria : Voulez-vous gager, madame la reine, votre quenouille et votre fuseau, que je vous apporte les meilleures nouvelles que vous puissiez jamais entendre? — Hélas! répliqua la reine, depuis la mort du roi Joyeux et la perte de ma Joliette, je donnerais bien toutes les nouvelles de ce monde pour une épingle.—Là, là, ne vous chagrinez point, dit la fée, la princesse se porte à merveille, je viens de la voir; elle est si belle, si belle, qu'il ne tient qu'à elle d'être reine. Elle lui conta tout d'un bout à l'autre, et la reine pleurait de joie de savoir sa fille si belle, et de tristesse qu'elle fût dindonnière. Quand nous étions de grands rois dans notre royaume, disait-elle, et que nous faisions tant de bombance, le pauvre défunt et moi, nous n'aurions pas cru voir notre enfant dindonnière ! — C'est la cruelle Cancaline, ajouta la fée, qui, sachant comme je vous aime, pour me faire dépit, l'a mise en cet état; mais elle en sortira, ou j'y brûlerai mes livres. — Je ne veux pas, dit la reine, qu'elle épouse le fils du méchant roi ; allons dès demain la querir, et l'amenons ici.

Or, il arriva que le fils du méchant roi étant tout à fait fâché contre Joliette, fut s'asseoir sous un arbre, où il pleu-

rait si fort, si fort, qu'il hurlait. Son père l'entendit; il se mit à la fenêtre, et lui cria : Qu'est-ce que tu as à pleurer ? Comme tu fais la bête! Il répondit : C'est que notre dindonnière ne veut pas m'aimer. — Comment! elle ne veut pas t'aimer! dit le méchant roi. Je veux qu'elle t'aime ou qu'elle meure. Il appela ses gens d'armes, et leur dit : Allez la querir; car je lui ferai tant de mal, qu'elle se repentira d'être opiniâtre.

Ils furent au poulailler, et trouvèrent Joliette qui avait une belle robe de satin blanc, toute en broderie d'or, avec des diamants rouges, et plus de mille aunes de rubans partout. Jamais, au grand jamais, il ne s'est vu une si belle fille : ils n'osaient lui parler, la prenant pour une princesse. Elle leur dit fort civilement : Je vous prie, dites-moi qui vous cherchez ici. — Madame, dirent-ils, nous cherchons une petite malheureuse, qu'on appelle Joliette. — Hélas! c'est moi, dit-elle; qu'est-ce que vous me voulez? Ils la prirent vitement, et lièrent ses pieds et ses mains avec de grosses cordes, de peur qu'elle ne s'enfuît; ils la menèrent de cette manière devant le méchant roi, qui était avec son fils. Quand il la vit si belle, il ne laissa pas d'être un peu ému; sans doute qu'elle lui aurait fait pitié, s'il n'avait pas été le plus méchant et le plus cruel du monde. Il lui dit : Ha, ha, petite friponne, petite crapaude, vous ne voulez donc pas aimer mon fils? Il est cent fois plus beau que vous, un seul de ses regards vaut mieux que toute votre personne. Allons, aimez-le tout à l'heure, ou je vais vous écorcher. La princesse, tremblante comme un petit pigeon, se mit à genoux devant lui, et lui dit : Sire, je vous prie de ne me point écorcher, cela fait trop de mal; laissez-moi un ou deux jours pour songer à ce que je dois faire, et puis vous serez le maître. Son fils désespéré voulait qu'elle fût écorchée : ils conclurent ensemble de l'enfermer dans une tour, où elle ne verrait pas seulement le soleil.

Là-dessus la bonne fée arriva dans le char volant avec la reine; elles apprirent toutes ces nouvelles; aussitôt la reine se mit à pleurer amèrement, disant qu'elle était toujours malheureuse, et qu'elle aimerait mieux que sa fille fût morte, que d'épouser le fils du méchant roi. La fée lui dit : Prenez courage, je vais tant les fatiguer, que vous serez contente et vengée.

Comme le méchant roi allait se coucher, la fée se met en petite souris, et se fourre sous le chevet du lit : dès

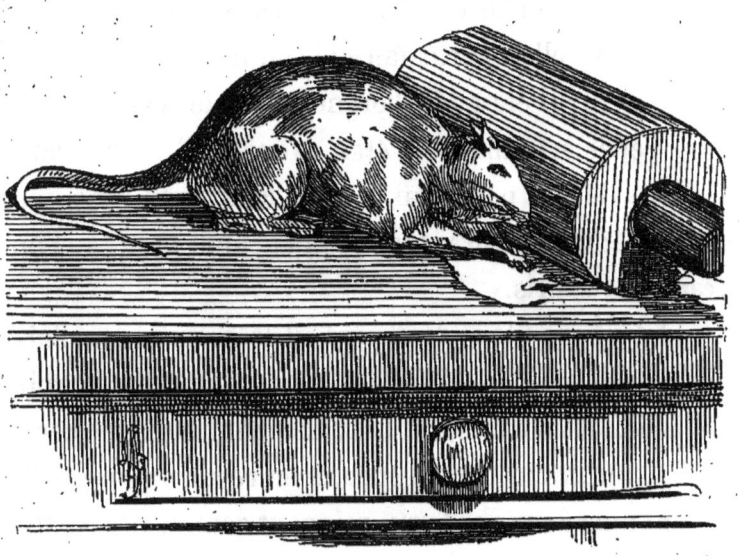

qu'il voulut dormir, elle lui mordit l'oreille ; le voilà bien fâché ; il se tourne de l'autre côté, elle lui mord l'autre oreille ; il crie au meurtre, il appelle pour qu'on vienne ; on vient, on lui trouve les deux oreilles mordues, qui saignaient si fort qu'on ne pouvait arrêter le sang. Pendant qu'on cherchait partout la souris, elle en fut faire autant au fils du méchant roi : il fait venir ses gens, et leur montre ses oreilles qui étaient tout écorchées ; on lui met des emplâtres dessus. La petite souris retourna dans la chambre du méchant roi, qui était un peu assoupi ; elle mord son nez et s'attache à le ronger ; il y porte les mains, et elle le mord et l'égratigne. Il crie : Miséricorde, je suis perdu !

Elle entre dans sa bouche et lui grignotte la langue, les lèvres, les joues. L'on entre, on le voit épouvantable, qui ne pouvait presque plus parler, tant il avait mal à la langue; il fit signe que c'était une souris; on cherche dans la paillasse, dans le chevet, dans les petits coins, elle n'y était déjà plus; elle courut faire pis au fils, et lui mangea son bon œil (car il était déjà borgne). Il se leva comme un furieux, l'épée à la main; il était aveugle; il courut dans la chambre de son père, qui de son côté avait pris son épée, tempêtant et jurant qu'il allait tout tuer, si l'on n'attrapait la souris.

Quand il vit son fils si désespéré, il le gronda, et celui-ci qui avait les oreilles échauffées, ne reconnut pas la voix de son père, et se jeta sur lui. Le méchant roi, en colère, lui donna un grand coup d'épée, il en reçut un autre; ils tombèrent tous deux par terre, saignant comme des bœufs. Tous leurs sujets qui les haïssaient mortellement, et qui ne les servaient que par crainte, ne les craignant plus, leur attachèrent des cordes aux pieds, et les traînèrent dans la rivière, disant qu'ils étaient bien heureux d'en être quittes.

Voilà le méchant roi tout mort et son fils aussi. La bonne fée, qui savait cela, fut querir la reine; elles allèrent à la tour noire, où Joliette était enfermée sous plus de quarante clefs. La fée frappa trois fois avec une petite baguette de coudre à la grosse porte qui s'ouvrit, et les autres de même; elles trouvèrent la pauvre princesse bien triste, qui ne disait pas un petit mot. La reine se jeta à son cou : Ma chère mignonne, lui dit-elle, je suis ta maman, la reine

Joyeuse; elle lui conta l'histoire de sa vie. O bon Dieu! quand Joliette entendit de si belles nouvelles, peu s'en fallut qu'elle ne mourût de plaisir; elle se jeta aux pieds de la reine, elle lui embrassait les genoux, elle mouillait ses mains de ses larmes, et les baisait mille fois; elle caressait tendrement la fée qui lui avait porté des corbeilles pleines de bijoux sans prix, d'or et de diamants; des bracelets, des perles, et le portrait du roi Joyeux entouré de pierreries, qu'elle mit devant elle. La fée dit : Ne nous amusons point, il faut faire un coup d'État : allons dans la grande salle du château, haranguer le peuple.

Elle marcha la première, avec un visage grave et sérieux, ayant une robe qui traînait de plus de dix aunes : et la reine une autre de velours bleu, toute brodée d'or, qui traînait bien davantage. Elles avaient apporté leurs beaux habits avec elles; puis elles avaient des couronnes sur la tête, qui brillaient comme des soleils; la princesse Joliette les suivait avec sa beauté et sa modestie, qui n'avaient rien que de merveilleux. Elles faisaient la révérence à tous ceux qu'elles rencontraient par le chemin, aux petits comme aux grands. On les suivait, fort empressé de savoir qui étaient ces belles dames. Lorsque la salle fut toute pleine, la bonne fée dit aux sujets du méchant roi qu'elle voulait leur donner pour reine la fille du roi Joyeux qu'ils voyaient, qu'ils vivraient contents sous son empire; qu'ils l'acceptassent; qu'elle lui chercherait un époux aussi parfait qu'elle, qui rirait toujours et qui chasserait la mélancolie de tous les cœurs. A ces mots chacun cria : *Oui, oui, nous le voulons bien; il y a trop longtemps que nous sommes tristes et misérables.* En même temps cent sortes d'instruments jouèrent de tous côtés; chacun se donna la main et dansa en danse ronde, chantant autour de la reine, de sa fille et de la bonne fée : *Oui, oui, nous le voulons bien.*

Voilà comme elles furent reçues. Jamais joie n'a été égale. On mit les tables, l'on mangea, l'on but, et puis on se coucha pour bien dormir. Au réveil de la jeune princesse, la fée lui présenta le plus beau prince qui eût encore vu le jour. Elle l'était allé querir dans le char volant jusqu'au bout du monde; il était tout aussi aimable que Joliette. Dès qu'elle le vit, elle l'aima. De son côté, il en fut charmé; et pour la reine, elle était transportée de joie. On prépara un repas admirable et des habits merveilleux. Les noces se firent avec des réjouissances infinies.

MORALITÉ.

Cette princesse infortunée,
Dont tu viens de voir les malheurs,
Dans sa prison abandonnée,
Eût d'un destin cruel éprouvé les rigueurs,
Elle eût pleuré dans sa naissance
Joliette exposée à la mort,
Si sa juste reconnaissance
N'eût intéressé à son sort
Cette prudente et sage fée,
Qui, par un généreux effort,

Quand du plus grand péril la reine est menacée,
Sait la conduire dans le port.
Tout ceci n'est rien qu'une fable,
Faite pour amuser quiconque la lira :
Toutefois on y trouvera
Une morale véritable.
A qui t'a fait une faveur,
Montre une âme reconnaissante;
C'est la vertu la plus puissante
Pour toucher et gagner le cœur.

LE MOUTON BLANC.

LE MOUTON.

Dans l'heureux temps où les fées vivaient, régnait un roi qui avait trois filles : elles étaient belles et jeunes ; elles avaient du mérite ; mais la cadette était la plus aimable et la mieux aimée, on la nommait Merveilleuse. Le roi son père lui donnait plus de robes et de rubans en un mois, qu'aux autres en un an ; et elle avait un si bon petit cœur, qu'elle partageait tout avec ses sœurs, de sorte que l'union était grande entre elles.

Le roi avait de mauvais voisins, qui, las de le laisser en paix, lui firent une si forte guerre, qu'il craignit d'être battu s'il ne se défendait ; il assembla une grosse armée, et se mit en campagne. Les trois princesses restèrent avec leur gouverneur dans un château où elles apprenaient tous les jours de bonnes nouvelles du roi, tantôt qu'il avait pris une ville, puis gagné une bataille; enfin il fit tant qu'il vainquit ses ennemis, et les chassa de ses États : puis il revint bien vite dans son château, pour revoir sa petite Merveilleuse qu'il aimait tant. Les trois princesses s'étaient fait faire trois robes de satin, l'une verte, l'autre bleue, et la dernière blanche; leurs pierreries s'assortissaient aux robes; la verte avait des émeraudes, la bleue des turquoises, la blanche des diamants; et ainsi parées, elles furent au-devant du roi, chantant ces vers qu'elles avaient composés sur ses victoires :

> Après tant d'illustres conquêtes,
> Quel bonheur de revoir et son père et son roi !
> Inventons des plaisirs, célébrons mille fêtes,
> Que tout ici se soumette à sa loi,
> Et tâchons de prouver quelle est notre tendresse
> Par nos soins empressés et nos chants d'allégresse.

Lorsqu'il les vit si belles et si gaies, il les embrassa tendrement, et fit à Merveilleuse plus de caresses qu'aux autres.

On servit un magnifique repas : le roi et ses trois filles se mirent à table, et comme ils tiraient des conséquences de tout, il dit à l'aînée : Çà, dites-moi, pourquoi avez-vous pris une robe verte? — Monseigneur, dit-elle, ayant su vos exploits, j'ai cru que le vert signifierait ma joie et l'espoir de votre retour. — Cela est fort bien dit, s'écria le roi. Et vous, ma fille, continua-t-il, pourquoi avez-vous pris une robe bleue? — Monseigneur, dit la princesse, pour marquer qu'il fallait sans cesse implorer les dieux en votre faveur, et qu'en vous voyant, je crois voir le ciel et les plus beaux astres. — Comment! dit le roi, vous parlez comme un oracle. Et vous, Merveilleuse, quelle raison avez-vous eue pour vous habiller de blanc? — Monseigneur, dit-elle, parce que cela me sied mieux que les autres couleurs. — Comment, dit le roi fort fâché, petite coquette, vous n'avez eu que cette intention? — J'avais celle de vous plaire, dit la princesse, il me semble que je n'en dois point avoir d'autres. Le roi, qui l'aimait, trouva l'affaire si bien accommodée, qu'il dit que ce petit tour d'esprit lui plaisait, et qu'il y avait même de l'art à n'avoir pas déclaré tout d'un coup sa pensée. O çà, dit-il, j'ai bien soupé, je ne veux pas me coucher sitôt, contez-moi les rêves que vous avez faits la nuit qui a précédé mon retour.

L'aînée dit qu'elle avait songé qu'il lui apportait une robe dont l'or et les pierreries brillaient plus que le soleil. La seconde, qu'elle avait songé qu'il lui apportait une robe et une quenouille d'or pour lui filer des chemises. La cadette dit qu'elle avait songé qu'il mariait sa seconde sœur, et que le jour des noces, il tenait une aiguière d'or, et qu'il lui disait : Venez, Merveilleuse, venez que je vous donne à laver.

Le roi, indigné de ce rêve, fronça le sourcil, et fit la plus laide grimace du monde : chacun connut qu'il était fâché. Il entra dans sa chambre, il se mit brusquement au lit : le songe de sa fille lui revenait toujours dans la tête. Cette petite insolente, disait-il, voudrait me réduire à devenir son domestique ! Je ne m'étonne pas si elle prit la robe de satin blanc, sans penser à moi ; elle me croit indigne de ses réflexions, mais je veux prévenir son mauvais dessein avant qu'il ait lieu.

Il se leva tout en furie, et quoiqu'il ne fût pas encore jour, il envoya querir son capitaine des gardes, et lui dit : Vous avez entendu le rêve que Merveilleuse a fait, il signifie des choses étranges contre moi. Je veux que vous la preniez tout à l'heure, que vous la meniez dans la forêt, et que vous l'égorgiez ; ensuite vous m'apporterez son cœur et sa langue, car je ne prétends pas être trompé : je vous ferai cruellement mourir. Le capitaine des gardes fut bien étonné d'entendre un ordre si barbare. Il ne voulut point contrarier le roi, crainte de l'aigrir davantage et qu'il ne donnât cette commission à quelqu'autre. Il lui dit qu'il allait emmener la princesse, qu'il l'égorgerait et lui rapporterait son cœur et sa langue.

Il alla aussitôt dans sa chambre qu'on eut bien de la peine à lui ouvrir, car il était fort matin. Il dit à Merveilleuse que le roi la demandait. Elle se leva promptement. Une petite moresse appelée Patypata, prit la queue de sa robe ; sa guenuche et son doguin, qui la suivaient toujours, coururent après elle. Sa guenuche se nommait Gramugeon, et le doguin Tintin.

Le capitaine des gardes obligea Merveilleuse de descendre, et lui dit que le roi était dans le jardin pour prendre le frais ; elle y entra. Il fit semblant de le chercher, et ne l'ayant pas trouvé : Sans doute, dit-il, le roi a passé jusqu'à la forêt. Il ouvrit une petite porte, et la mena dans la forêt. Le jour paraissait déjà un peu : la princesse regarda son conducteur ; il avait les larmes aux yeux, et il était si triste, qu'il ne pouvait parler. Qu'avez-vous, lui dit-elle avec un air de bonté charmant, vous me paraissez bien affligé ? — Ah ! madame, qui ne le serait, s'écria-t-il, de l'ordre le plus funeste qui ait jamais été ! Le roi veut que je vous égorge ici, et que je lui porte votre cœur et votre langue ; si j'y manque, il me fera mourir. La pauvre princesse, effrayée, pâlit. Elle attacha ses beaux yeux sur le capitaine des gardes, et le regardant sans colère : Aurez-vous bien le courage, lui dit-elle, de me tuer, moi qui ne vous ai jamais fait de mal, et qui n'ai dit au roi que du bien de vous ? Encore si j'avais mérité la haine de mon père, j'en souffrirais les effets sans murmurer. Hélas ! je lui ai tant témoigné de respect et d'attachement, qu'il ne peut se plaindre sans injustice. — Ne craignez pas aussi, belle princesse, dit le capitaine des gardes, que je sois capable de lui prêter ma main pour une action aussi barbare, je me résoudrais plutôt à la mort dont il me menace ; mais, quand je me poignarderais, vous n'en seriez pas plus en sûreté ; il faut trouver moyen que je puisse retourner auprès du roi et lui persuader que vous êtes morte.

— Quel moyen trouverons-nous, dit Merveilleuse ; car il veut que vous lui portiez ma langue et mon cœur, sans cela il ne vous croira point ? Patypata, qui avait tout écouté, et que la princesse ni le capitaine des gardes n'avaient pas même aperçue, tant ils étaient tristes, s'avança courageusement et vint se jeter aux pieds de

Merveilleuse : Madame, lui dit-elle, je viens vous offrir ma vie ; il faut me tuer ; je serai trop contente de mourir pour une si bonne maîtresse. — Ah ! je n'ai garde, ma chère Patypata, dit la princesse en la baisant ; après un si tendre témoignage de ton amitié, ta vie ne me doit pas être moins précieuse que la mienne propre. Grabugeon s'avança et dit : Vous avez raison, ma princesse, d'aimer une esclave aussi fidèle que Patypata ; elle vous peut être plus utile que moi ; je vous offre ma langue et mon cœur avec joie, voulant m'immortaliser dans l'empire des magots. — Ah ! ma mignonne Grabugeon, répliqua Merveilleuse, je ne puis souffrir la pensée de t'ôter la vie. — Il ne serait pas supportable pour moi, s'écria Tintin, qu'étant un aussi bon doguin que je le suis, un autre donnât sa vie pour ma maîtresse, je dois mourir ou personne ne mourra. Il s'éleva là-dessus une grande dispute entre Patypata, Grabugeon et Tintin ; l'on en vint aux grosses paroles ; enfin Grabugeon, plus vive que les autres, monta au haut d'un arbre, et se laissa tomber exprès la tête la première, ainsi elle se tua ; et quelque regret qu'en eût la princesse, elle consentit, puisqu'elle était morte, que le capitaine des gardes prît sa langue ; mais elle se trouva si petite (car en tout elle n'était pas plus grosse que le poing), qu'ils jugèrent avec une grande douleur que le roi n'y serait point trompé.

Hélas ! ma chère petite guenon, te voilà donc morte, dit la princesse, sans que ta mort mette ma vie en sûreté. — C'est à moi que cet honneur est réservé, interrompit la moresse. En même temps elle prit le couteau dont on s'était servi pour Grabugeon, et se l'enfonça dans la gorge. Le capitaine des gardes voulut emporter sa langue; elle était si noire, qu'il n'osa se flatter de tromper le roi avec. Ne suis-je pas bien malheureuse, dit la princesse en pleurant; je perds tout ce que j'aime, et ma fortune ne change point. — Si vous aviez voulu, dit Tintin, accepter ma proposition, vous n'auriez eu que moi à regretter, et j'aurais l'avantage d'être seul regretté.

Merveilleuse baisa son petit doguin, en pleurant si fort, qu'elle n'en pouvait plus : elle s'éloigna promptement, de sorte que lorsqu'elle se retourna, elle ne vit plus son conducteur; elle se trouva au milieu de sa moresse, de sa guenuche et de son doguin. Elle ne put s'en aller qu'elle ne les eût mis dans une fosse qu'elle trouva par hasard au pied d'un arbre, ensuite elle écrivit ces paroles sur l'arbre :

> Ci gît un mortel, deux mortelles,
> Tous trois également fidèles,
> Qui voulant conserver mes jours,
> Des leurs ont avancé le cours.

Elle songea enfin à sa sûreté, et comme il n'y en avait point pour elle dans cette forêt qui était si proche du château de son père, que les premiers passants pouvaient la voir et la reconnaître, ou que les lions et les loups pouvaient la manger comme un poulet, elle se mit à marcher tant qu'elle put; mais la forêt était si grande et le soleil si ardent, qu'elle mourait de chaud, de peur et de lassitude. Elle regardait de tous côtés sans voir le bout de la forêt. Tout l'effrayait; elle croyait toujours que le roi courait après elle pour la tuer : il est impossible de redire ses tristes plaintes.

Elle marchait sans suivre aucune route certaine; les buissons déchiraient sa belle robe, et blessaient sa peau blanche. Enfin elle entendit bêler un mouton : sans doute, dit-elle, qu'il y a des bergers ici avec leurs troupeaux; ils pourront me guider à quelque hameau, où je me cacherai sous l'habit d'une paysanne. Hélas! continua-t-elle, ce ne sont pas les souverains et les princes qui sont toujours les plus heureux. Qui croirait dans tout ce royaume que je suis fugitive, que mon père, sans sujet ni raison, souhaite ma mort, et que pour l'éviter, il faut que je me déguise!

En faisant ces réflexions, elle s'avançait vers le lieu où elle entendait bêler; mais quelle fut sa surprise en arrivant dans un endroit assez spacieux tout entouré d'arbres, de voir un gros mouton plus blanc que la neige, dont les cornes étaient dorées, qui avait une guirlande de fleurs autour de son cou, les jambes entourées de fils de perles d'une grosseur prodigieuse, quelques chaînes de diamants sur lui, et qui était couché sur des fleurs d'oranger; un pavillon de drap d'or suspendu en l'air empêchait le soleil de l'incommoder; une centaine de moutons parés étaient autour de lui, qui ne paissaient point l'herbe, mais les uns prenaient du café, du sorbet, des glaces, de la limonade; les autres jouaient à la bassette et au lansquenet.

Merveilleuse resta immobile de surprise. Elle cherchait des yeux le berger d'un troupeau si extraordinaire, lorsque le plus beau mouton vint à elle, bondissant et sautant. Approchez, divine princesse, lui dit-il, ne craignez

point des animaux aussi doux et aussi pacifiques que nous.
—Quel prodige! des moutons qui parlent!—Ah! madame, reprit-il, votre guenon et votre doguin parlaient si joliment, avez-vous moins de sujet de vous en étonner?— Une fée, répliqua Merveilleuse, leur avait fait don de la parole. — Peut-être qu'il nous est arrivé quelque aventure semblable, répondit le mouton en souriant. Mais, ma princesse, qui conduit ici vos pas?—Mille malheurs, seigneur mouton, lui dit-elle, je suis la plus infortunée princesse du monde ; je cherche un asile contre les fureurs de mon père. — Venez, madame, répliqua le mouton, venez avec moi, je vous en offre un qui ne sera connu que de vous, et vous y serez la maîtresse absolue. — Il m'est impossible de vous suivre, dit Merveilleuse; je suis si lasse que j'en mourrai.

Le mouton aux cornes dorées commanda qu'on fût querir son char. Un moment après on vit venir six chèvres attelées à une citrouille d'une si prodigieuse grosseur, que deux personnes pouvaient s'y asseoir très commodément. La citrouille était sèche, il y avait dedans de bons carreaux de duvet et de velours partout. La princesse s'y plaça, admirant un équipage si nouveau. Le maître mouton entra dans la citrouille avec elle, et les chèvres coururent de toute leur force jusqu'à une caverne, dont l'entrée se fermait par une grosse pierre. Le mouton doré la toucha, aussitôt elle tomba. Il dit à la princesse d'entrer sans crainte; elle croyait que cette caverne n'avait rien que d'affreux, et si elle eût été moins alarmée, rien n'aurait pu l'obliger de descendre ; mais dans la force de son appréhension, elle se serait même jetée dans un puits.

Elle n'hésita donc pas à suivre le mouton qui marchait devant elle : il la fit descendre si bas, si bas, qu'elle pensait aller tout au moins aux antipodes; et elle avait peur quelquefois qu'il ne la conduisît au royaume des morts. Enfin elle découvrit tout d'un coup une vaste plaine émaillée de mille fleurs différentes, dont la bonne odeur surpassait toutes celles qu'elle avait jamais senties; une grosse rivière d'eau de fleurs d'oranger coulait autour, des fontaines de vin d'Espagne, de rossoli, d'hypocras et de mille autres sortes de liqueurs formaient des cascades et de petits ruisseaux charmants. Cette plaine était couverte d'arbres singuliers; il y avait des avenues tout entières de perdreaux, mieux piqués et mieux cuits que chez la Guerbois, qui pendaient aux branches; il y avait d'autres allées de cailles et de lapereaux, de dindons, de poulets, de faisans et d'ortolans; en de certains endroits où l'air paraissait plus obscur, il y pleuvait des bisques d'écrevisses, des soupes de santé, des foies gras, des riz de veau mis en ragoûts; des boudins blancs, des saucissons, des tourtes, des pâtés, des confitures sèches et liquides, des louis d'or, des écus, des perles et des diamants. La rareté de cette pluie, et tout ensemble l'utilité, aurait attiré la bonne compagnie, si le gros Mouton avait été un peu plus d'humeur à se familiariser; mais toutes les chroniques qui ont parlé de lui, assurent qu'il gardait mieux sa gravité qu'un sénateur romain.

Comme l'on était dans la plus belle saison de l'année, lorsque Merveilleuse arriva dans ces beaux lieux, elle ne vit point d'autres palais qu'une longue suite d'orangers, de jasmins, de chèvre-feuilles et de petites roses muscades, dont les branches, entrelacées les unes dans les autres, formaient des cabinets, des salles et des chambres toutes meublées de gaze d'or et d'argent, avec de grands miroirs, des lustres et des tableaux admirables.

Le maître Mouton dit à la princesse qu'elle était souveraine dans ces lieux ; que depuis quelques années il avait eu des sujets de s'affliger et de répandre des larmes, mais qu'il ne tiendrait qu'à elle de lui faire oublier ses malheurs. La manière dont vous en usez, beau Mouton, lui dit-elle, a quelque chose de si généreux, et tout ce que je vois ici me paraît si extraordinaire, que je ne sais qu'en penser.

Elle avait à peine achevé ces paroles, qu'elle vit paraître devant elle une troupe de nymphes d'une admirable beauté ;

elles lui présentèrent des fruits dans des corbeilles d'ambre; mais lorsqu'elle voulut s'approcher d'elles, insensiblement leurs corps s'éloignèrent; elle allongea le bras pour les toucher, elle ne sentit rien, et connut que c'étaient des fantômes. Ah! qu'est ceci? s'écria-t-elle; avec qui suis-je? Elle se prit à pleurer, et le roi Mouton (car on le nommait ainsi) qui l'avait laissée pour quelques moments, étant revenu auprès d'elle, et voyant couler ses larmes, en demeura si éperdu, qu'il pensa mourir à ses pieds.

Qu'avez-vous, belle princesse? lui dit-il. A-t-on manqué dans ces lieux au respect qui vous est dû? — Non, lui dit-elle, je ne me plains point; je vous avoue seulement que je ne suis pas accoutumée à vivre avec les morts et avec les moutons qui parlent : tout me fait peur ici, et quelque obligation que je vous aie de m'y avoir emmenée, je vous en aurai encore davantage de me remettre dans le monde.

— Ne vous effrayez point, répliqua le Mouton, daignez m'entendre tranquillement, et vous saurez ma déplorable aventure.

Je suis né sur le trône; une longue suite de rois que j'ai pour aïeux m'avait assuré la possession du plus beau royaume de l'univers; mes sujets m'aimaient, et j'étais craint et envié de mes voisins, et estimé avec quelque justice; on disait que jamais roi n'avait été plus digne de l'être; ma personne n'était pas indifférente à ceux qui me voyaient; j'aimais fort la chasse; m'étant laissé emporter au plaisir de suivre un cerf qui m'éloigna en peu de temps de tous ceux qui m'accompagnaient, je le vis tout d'un coup se précipiter dans un étang; j'y poussai mon cheval avec autant d'imprudence que de témérité; mais en avançant un peu, je sentis au lieu de la fraîcheur de l'eau, une chaleur extraordinaire, l'étang tarit, et par une ouverture dont il sortait des feux terribles, je tombai au fond d'un précipice où l'on ne voyait que des flammes.

Je me croyais perdu, lorsque j'entendis une voix qui me dit : Il ne faut pas moins de feux, ingrat, pour échauffer ton cœur. — Hé, qui se plaint ici de ma froideur? m'écriai-je. — Une personne infortunée, répliqua la voix, qui t'adore sans espoir. En même temps, les feux s'éteignirent, je vis une fée que je connaissais dès ma plus tendre jeunesse, dont l'âge et la laideur m'avaient toujours épouvanté; elle s'appuyait sur une jeune esclave d'une beauté incomparable; elle avait des chaînes d'or qui marquaient assez sa condition. Quel prodige se passe ici, Ragotte? lui dis-je (c'est le nom de la fée). Serait-ce bien par vos ordres? — Hé, par l'ordre de qui donc? répliqua-t-elle. N'as-tu point connu jusqu'à présent mes sentiments? Faut-il que j'aie la honte de m'en expliquer? Mes yeux, autrefois si sûrs de leurs coups, ont-ils perdu tout leur pouvoir? Considère où je m'abaisse, c'est moi qui te fais l'aveu de ma faiblesse, car encore que tu sois un grand roi, tu es moins qu'une fourmi devant une fée comme moi.

—Je suis tout ce qu'il vous plaira, lui dis-je, mais enfin, que me demandez-vous? Est-ce ma couronne, mes villes, mes trésors? — Ah! malheureux, reprit-elle, mes marmitons, quand je voudrai, seront plus puissants que toi, je demande ton cœur. Hé bien, aime-moi, ajouta-t-elle, en serrant la bouche pour l'avoir plus agréable, et roulant les yeux, je serai ta petite Ragotte, j'ajouterai vingt royaumes à celui que tu possèdes, cent tours pleines d'or, cinq cents pleines d'argent; en un mot, tout ce que tu voudras.

— Madame Ragotte, lui dis-je, ce n'est point dans le fond d'un trou où j'ai pensé être rôti que je veux faire une déclaration à une personne de votre mérite; je vous supplie, par tous les charmes qui vous rendent aimable, de me mettre en liberté, et puis nous verrons ensemble ce que je pourrai pour votre satisfaction. — Ah! traître, s'écria-t-elle, si tu m'aimais, tu ne chercherais pas le chemin de ton royaume; dans une grotte, dans une renardière, dans les bois, dans les déserts, tu serais content. Ne crois pas que je sois novice; tu songes à t'esquiver, mais je t'avertis qu'il faut que tu restes ici; et la première chose que tu feras, c'est de garder mes moutons; ils ont de l'esprit, et parlent pour le moins aussi bien que toi.

En même temps elle s'avança dans la plaine où nous sommes; et me montra son troupeau. Je le considérai peu; cette belle esclave qui était auprès d'elle m'avait semblé merveilleuse; mes yeux me trahirent. La cruelle Ragotte y prenait garde, se jeta sur elle, et lui enfonça un poinçon si avant dans l'œil, que cet objet adorable perdit sur-le-champ la vie. A cette funeste vue je me jetai sur Ragotte; et mettant l'épée à la main, je l'aurais immolée à des mânes si chers, sans que par son pouvoir elle me rendît immobile. Mes efforts étant inutiles, je tombai par terre, et je cherchais les moyens de me tuer, pour me délivrer de l'état où j'étais, quand elle me dit, avec un sourire ironique : Je veux te faire connaître ma puissance ; tu es un lion à présent, tu vas devenir un mouton.

Aussitôt elle me toucha de sa baguette, et je me trouvai métamorphosé comme vous voyez ; je ne perdis point l'usage de la parole, ni les sentiments de douleur que je devais à mon état. — Tu seras cinq ans mouton, dit-elle, et maître absolu de ces beaux lieux ; pendant qu'éloignée de toi, et ne voyant plus ton agréable figure, je ne songerai qu'à la haine que je te dois.

Elle disparut ; et si quelque chose avait pu adoucir ma disgrâce, ç'aurait été son absence. Les moutons parlants qui sont ici me reconnurent pour leur roi ; ils me racontèrent qu'ils étaient des malheureux qui avaient déplu par plusieurs sujets différents à la vindicative fée, et qu'elle en avait composé un troupeau ; que leur pénitence n'était pas aussi longue pour les uns que pour les autres. En effet, ajouta-t-il, de temps en temps ils redeviennent ce qu'ils avaient été, et quittent le troupeau ; pour les autres, ce sont des rivales ou des ennemies de Ragotte, qu'elle a tuées pour un siècle ou pour moins, et qui retourneront ensuite dans le monde. La jeune esclave dont je vous ai parlé est de ce nombre ; je l'ai vue plusieurs fois de suite avec plaisir, quoiqu'elle ne me parlât point, et qu'en voulant l'approcher, il me fût fâcheux de connaître que ce n'était qu'une ombre ; mais ayant remarqué un de mes moutons assidu près de ce petit fantôme, j'ai su que c'était son amant ; et que Ragotte, susceptible des tendres impressions, avait voulu le lui ôter.

Cette raison m'éloigna de l'ombre esclave ; et depuis

trois ans je n'ai senti aucun penchant pour rien que pour ma liberté.

C'est ce qui m'engage d'aller quelquefois dans la forêt. Je vous y ai vue, belle princesse, continua-t-il, tantôt sur un chariot que vous conduisiez vous-même avec une adresse surprenante, tantôt à la chasse poursuivant le cerf agile sur un cheval qui semblait indomptable à

tout autre que vous; puis courant légèrement dans la plaine avec les princesses de votre cour, vous gagniez le prix comme une autre Atalante. Ah! princesse, si dans tous ces temps où mon cœur vous rendait des vœux secrets, j'avais osé vous parler, que ne vous aurais-je point dit? Mais comment auriez-vous reçu la déclaration d'un malheureux mouton comme moi?

Merveilleuse était si troublée de tout ce qu'elle avait entendu jusqu'alors, qu'elle ne savait presque lui répondre; elle lui fit cependant des honnêtetés qui lui laissèrent quelque espérance, et dit qu'elle avait moins de peur des ombres, puisqu'elles devaient revivre un jour. Hélas! continua-t-elle, si ma pauvre Patypata, ma chère Grabugeon et le joli Tintin, qui sont morts pour me sauver, pouvaient avoir un sort semblable, je ne m'ennuierais plus ici.

Malgré la disgrâce du roi Mouton, il ne laissait pas d'avoir des priviléges admirables. Allez, dit-il à son grand écuyer (c'était un mouton de fort bonne mine), allez querir la moresse, la guenuche et le doguin, leurs ombres divertiront notre princesse. Un instant après Merveilleuse les vit, et quoiqu'ils ne l'approchassent pas d'assez près pour en être touchés, leur présence lui fut d'une consolation infinie.

Le roi Mouton avait tout l'esprit et toute la délicatesse qui pouvaient former d'agréables conversations. Il aimait si passionnément Merveilleuse, qu'elle vint aussi à le considérer, et ensuite à l'aimer. Un joli mouton bien doux, bien caressant ne laisse pas de plaire, surtout quand on sait qu'il est roi, et que la métamorphose doit finir. Ainsi la princesse passait doucement ses beaux jours attendant un sort plus heureux. Le galant mouton ne s'occupait que d'elle; il faisait des fêtes, des concerts, des chasses.

Un soir que les courriers arrivèrent, car il envoyait soigneusement aux nouvelles, et il en savait toujours des meilleures, on vint lui dire que la sœur aînée de la princesse Merveilleuse allait épouser un grand prince, et que rien n'était plus magnifique que tout ce qu'on préparait pour les noces. — Ah! s'écria la jeune princesse, que je suis infortunée de ne pas voir tant de belles choses; me voilà sous la terre avec des ombres et des moutons, pendant que ma sœur va paraître parée comme une reine; chacun lui fera sa cour, je serai la seule qui ne prendra point de part à sa joie. — De quoi vous plaignez-vous, madame, lui dit le roi des moutons, vous ai-je refusé d'aller à la noce? Partez quand il vous plaira, mais donnez-moi parole de revenir; si vous n'y consentez pas, vous m'allez voir expirer à vos pieds, car l'attachement que j'ai pour vous est trop violent pour que je puisse vous perdre sans mourir.

Merveilleuse, attendrie, promit au mouton que rien au monde ne pourrait empêcher son retour. Il lui donna un équipage proportionné à sa naissance; elle s'habilla superbement, et n'oublia rien de tout ce qui pouvait augmenter sa beauté; elle monta dans un char de nacre de perle, traîné par six hippogriphes isabelles, nouvellement arrivés des antipodes; il la fit accompagner par un grand nombre d'officiers richement vêtus et admirablement bien faits; il les avait envoyés chercher fort loin pour faire le cortége.

Elle se rendit au palais du roi son père, dans le moment qu'on célébrait le mariage; dès qu'elle entra, elle surprit par l'éclat de sa beauté et par celui de ses pierreries tous ceux qui la virent; elle n'entendait autour d'elle que des acclamations et des louanges; le roi la regardait avec une attention et un plaisir qui lui fit craindre d'en être reconnue; mais il était si prévenu de sa mort, qu'il n'en eut pas la moindre idée.

Cependant l'appréhension d'être arrêtée l'empêcha de rester jusqu'à la fin de la cérémonie ; elle sortit brusquement, et laissa un petit coffre de corail garni d'émeraudes ; on voyait écrit dessus en pointes de diamants : *Pierreries pour la mariée*. On l'ouvrit aussitôt, et que n'y trouva-t-on pas ? Le roi, qui avait espéré de la rejoindre et qui brûlait de la connaître, fut au désespoir de ne la plus voir ; il ordonna absolument, que si jamais elle revenait, qu'on fermât toutes les portes sur elle, et qu'on la retînt.

Quelque courte que fût l'absence de Merveilleuse, elle avait semblé au Mouton de la longueur d'un siècle. Il l'attendait au bord d'une fontaine, dans le plus épais de la forêt ; il y avait fait étaler des richesses immenses pour les lui offrir en reconnaissance de son retour. Dès qu'il la vit, il courut vers elle, sautant et bondissant comme un vrai mouton ; il lui fit mille tendres caresses, il se couchait à ses pieds, il baisait ses mains, il lui racontait ses inquiétudes et ses impatiences ; sa passion lui donnait une éloquence dont la princesse était charmée.

Au bout de quelque temps, le roi maria sa seconde fille. Merveilleuse l'apprit, et elle pria le Mouton de lui permettre d'aller voir, comme elle avait déjà fait, une fête où elle s'intéressait si fort. A cette proposition, il sentit une douleur dont il ne fut point le maître, un pressentiment secret lui annonçait son malheur ; mais comme il n'est pas toujours en nous de l'éviter, et que sa complaisance pour la princesse l'emportait sur tous les autres intérêts, il n'eut pas la force de la refuser. — Vous voulez me quitter, madame, lui dit-il, cet effet de mon malheur vient plutôt de ma mauvaise destinée que de vous. Je consens à ce que vous souhaitez, et je ne puis jamais vous faire un sacrifice plus complet.

Elle l'assura qu'elle tarderait aussi peu que la première fois ; qu'elle ressentirait vivement tout ce qui pourrait l'éloigner de lui, et qu'elle conjurait de ne se pas inquiéter. Elle se servit du même équipage qui l'avait déjà conduite, et elle arriva comme la cérémonie commençait. Malgré l'attention que l'on y avait, sa présence fit élever un cri de joie et d'admiration, qui attira les yeux de tous les princes sur elle ; ils ne pouvaient se lasser de la regarder, et ils la trouvaient d'une beauté si peu commune, qu'ils étaient prêts à croire que ce n'était pas une personne mortelle.

Le roi se sentit charmé de la revoir ; il n'ôta les yeux de sur elle que pour ordonner que l'on fermât bien toutes les portes pour la retenir. La cérémonie étant sur le point de finir, la princesse se leva promptement, voulant se dérober parmi la foule, mais elle fut extrêmement surprise et affligée de trouver les portes fermées.

Le roi l'aborda avec un grand respect et une soumission qui la rassura. Il la pria de ne leur pas ôter sitôt le plaisir de la voir et d'être du célèbre festin qu'il donnait aux princes et aux princesses. Il la conduisit dans un salon magnifique où toute la cour était ; il prit lui-même un bassin d'or et un vase plein d'eau, pour laver ses belles mains. Dans ce moment, elle ne fut plus maîtresse de son transport, elle se jeta à ses pieds, et embrassant ses genoux : Voilà mon songe accompli, dit-elle, vous m'avez donné à laver le jour des noces de ma sœur, sans qu'il vous en soit rien arrivé de fâcheux.

Le roi la reconnut avec d'autant moins de peine, qu'il avait trouvé plus d'une fois qu'elle ressemblait parfaitement à Merveilleuse. Ah ! ma chère fille, dit-il, en l'embrassant et versant des larmes, pouvez-vous oublier ma cruauté ? J'ai voulu votre mort, parce que je croyais que votre songe signifiait la perte de ma couronne. Il la signifiait aussi, continua-t-il ; voilà vos deux sœurs mariées, elles en ont chacune une, et la mienne sera pour vous. Dans le même moment il se leva et la mit sur la tête de la princesse, puis il cria : — Vive la reine Merveilleuse ; toute la cour cria comme lui ; les deux sœurs de cette jeune reine vinrent lui sauter au cou, et lui faire mille caresses. Merveilleuse ne se sentait pas, tant elle était aise : elle pleurait et riait tout à la fois ; elle embrassait l'une, elle parlait à l'autre, elle remerciait le roi, et parmi toutes ces différentes choses, elle se souvenait du capitaine des gardes, auquel elle avait tant d'obligation, et elle le demandait avec instance ; mais on lui dit qu'il était mort : elle ressentit vivement cette perte.

Lorsqu'elle fut à table, le roi la pria de raconter ce qui lui était arrivé depuis le jour où il avait donné des ordres si funestes contre elle. Aussitôt elle prit la parole avec une grâce admirable ; et tout le monde attentif l'écoutait.

Mais pendant qu'elle s'oubliait auprès du roi et de ses sœurs, l'amoureux Mouton voyait passer l'heure du retour de la princesse, et son inquiétude devenait si extrême,

7

qu'il n'en était point le maître. — Elle ne veut plus revenir, s'écriait-il ; ma malheureuse figure de mouton lui déplaît. Que ferai-je sans Merveilleuse ? Ragotte, barbare fée, quelle vengeance ne prends-tu point de l'indifférence que j'ai pour toi ? Il se plaignit longtemps, et voyant que la nuit approchait, sans que la princesse parût, il courut à la ville. Quand il fut au palais du roi, il demanda Merveilleuse ; mais comme chacun savait déjà son aventure, et qu'on ne voulait plus qu'elle retournât avec Mouton, on lui refusa durement de la voir ; il poussa des plaintes, et fit des regrets capables d'émouvoir tout autre que les suisses qui gardaient la porte du palais. Enfin, pénétré de douleur, il se jeta par terre et y rendit la vie.

Le roi et Merveilleuse ignoraient la triste tragédie qui venait de se passer. Il proposa à sa fille de monter dans un char, et de se faire voir par toute la ville, à la clarté de mille et mille flambeaux, qui étaient aux fenêtres et dans les grandes places ; mais quel spectacle pour elle, de trouver en sortant de son palais son cher Mouton, étendu sur le pavé, qui ne respirait plus ? Elle se précipita du chariot, elle courut vers lui, elle pleura, elle gémit, elle connut que son peu d'exactitude avait causé la mort du Mouton royal. Dans son désespoir, elle pensa mourir elle-même. L'on convint alors que les personnes les plus élevées sont sujettes, comme les autres, aux coups de la fortune, et que souvent elles éprouvent les plus grands malheurs dans le moment où elles se croient au comble de leurs souhaits.

FINETTE CENDRON.

FINETTE CENDRON.

Il était une fois un roi et une reine qui avaient mal fait leurs affaires ; on les chassa de leur royaume ; ils vendirent leurs couronnes pour vivre, puis leurs habits, leurs linges, leurs dentelles, et tous leurs meubles, pièce à pièce.

Quand le roi et la reine furent bien pauvres, le roi dit à sa femme : Nous voilà hors de notre royaume, nous n'avons plus rien, il faut gagner notre vie et celle de nos pauvres enfants ; avisez un peu ce que nous avons à faire, car jusqu'à présent je n'ai su que le métier de roi, qui est fort doux.

La reine avait beaucoup d'esprit; elle lui demanda huit jours pour y rêver. Au bout de ce temps, elle lui dit : Sire, il ne faut point nous affliger, vous n'avez qu'à faire des filets, dont vous prendrez des oiseaux à la chasse et des poissons à la pêche; pendant que les cordelettes s'useront, je filerai pour en faire d'autres. A l'égard de nos trois filles, ce sont de franches paresseuses, qui croient encore être de grandes dames, elles veulent faire les demoiselles ; il faut les mener si loin, si loin, qu'elles ne reviennent jamais, car il serait impossible que nous pussions leur fournir assez d'habits à leur gré.

Le roi commença de pleurer quand il vit qu'il fallait se séparer de ses enfants : il était bon père, mais la reine était la maîtresse.

Il demeura donc d'accord de tout ce que la reine voulait; et lui répondit : Levez-vous demain de bon matin, et prenez vos trois filles, pour les mener où vous jugerez à propos. Pendant qu'ils complotaient cette affaire, la princesse Finette, qui était la plus petite des filles, écoutait par le trou de la serrure; et quand elle eut découvert le dessein de son papa et de sa maman, elle s'en alla tant qu'elle put à une grande grotte, fort éloignée de chez eux, où demeurait la fée Merluche, qui était sa marraine.

Finette avait pris deux livres de beurre frais, des œufs, du lait, et de la farine pour faire un excellent gâteau à sa marraine, afin d'en être bien reçue. Elle commença gaiement son voyage; mais plus elle allait, plus elle se lassait. Ses souliers s'usèrent jusqu'à la dernière semelle, et ses

petits pieds mignons s'écorchèrent si fort que c'était grand'
pitié : elle n'en pouvait plus; elle s'assit sur l'herbe en
pleurant.

Par-là passa un beau cheval d'Espagne, tout sellé, tout

bridé : il y avait plus de diamants à sa housse qu'il n'en
faudrait pour acheter trois villes; et quand il vit la princesse, il se mit à paître doucement auprès d'elle : ployant
le jarret, il semblait lui faire la révérence; aussitôt elle le
prit par la bride : Gentil dada, dit-elle, voudrais-tu bien
me porter chez ma marraine la fée? Tu me feras un grand
plaisir, car je suis si lasse que je vais mourir; mais si tu
me sers dans cette occasion, je te donnerai de bonne
avoine et de bon foin; tu auras de la paille fraîche pour
te coucher.

Le cheval se baissa presque à terre devant elle, et la
jeune Finette sauta dessus; il se mit à courir si légè-

rement, qu'il semblait que ce fût un oiseau. Il s'arrêta à l'entrée de la grotte, comme s'il en avait su le chemin ; et il le savait bien aussi, car c'était Merluche qui, ayant deviné que sa filleule la voulait venir voir, lui avait envoyé ce beau cheval.

Quand elle fut entrée, elle fit trois grandes révérences à sa marraine, et prit le bas de sa robe qu'elle baisa, et puis elle lui dit : Bonjour, ma marraine, comment vous portez-vous ? voilà du beurre, du lait, de la farine et des œufs que je vous apporte pour vous faire un bon gâteau. — Soyez la bienvenue, Finette, dit la fée ; venez, que je vous embrasse. Elle l'embrassa deux fois, dont Finette resta très joyeuse, car madame Merluche n'était pas une fée à la douzaine. Elle dit : Çà, ma filleule, je veux que vous soyez ma petite femme de chambre ; décoiffez-moi et me peignez. La princesse la décoiffa, et la peigna le plus adroitement du monde. Je sais bien, dit Merluche, pourquoi vous venez ici ; vous avez écouté le roi et la reine, qui veulent vous mener perdre, et vous voulez éviter ce malheur. Tenez, vous n'avez qu'à prendre ce peloton ; le fil n'en rompra jamais ; vous attacherez le bout à la porte de votre maison, et vous le tiendrez à votre main. Quand la reine vous aura laissée, il vous sera aisé de revenir en suivant le fil.

La princesse remercia sa marraine, qui lui remplit un sac de beaux habits tout d'or et d'argent. Elle l'embrassa ; elle la fit remonter sur le joli cheval, et en deux ou trois moments, il la rendit à la porte de la maisonnette de leurs majestés. Finette dit au cheval : Mon ami, vous êtes beau et très sage, vous allez plus vite que le soleil, je vous remercie de votre peine; retournez d'où vous venez. Elle entra tout doucement dans la maison, cachant son sac sous son chevet; elle se coucha sans faire semblant de rien. Dès que le jour parut, le roi réveilla sa femme : Allons, allons, madame, lui dit-il, apprêtez-vous pour le voyage. Aussitôt elle se leva, prit ses gros souliers, une jupe courte, une camisole blanche et un bâton; elle fit venir l'aînée de ses filles, qui s'appelait Fleur-d'Amour, la seconde Belle-de-Nuit, et la troisième Fine-Oreille : c'est pourquoi on la nommait ordinairement Finette. J'ai rêvé cette nuit, dit la reine, qu'il faut que nous allions voir ma sœur, elle nous régalera bien : nous mangerons et nous rirons tant que nous voudrons. Fleur-d'Amour, qui se désespérait d'être dans un désert, dit à sa mère : Allons, madame, où il vous plaira, pourvu que je me promène, il ne m'importe. Les deux autres en dirent autant; elles prennent congé du roi, et les voilà toutes quatre en chemin. Elles allèrent si loin, si loin, que Fine-Oreille avait grand'peur de n'avoir pas assez de fil, car il y avait près de mille lieues. Elle marchait toujours derrière ses sœurs, passant le fil adroitement dans les buissons.

Quand la reine crut que ses filles ne pourraient plus retrouver le chemin, elle entra dans un grand bois et leur dit : Mes petites brebis, dormez; je serai comme la bergère qui veille autour de son troupeau, crainte que le loup ne le mange. Elles se couchèrent sur l'herbe, et s'endormirent. La reine les quitta, croyant ne les revoir jamais. Finette fermait les yeux et ne dormait pas. Si j'étais une méchante fille, disait-elle, je m'en irais tout à l'heure, et je laisserais mourir mes sœurs ici, car elles me battent et m'égratignent jusqu'au sang; malgré toutes leurs malices, je ne les veux pas abandonner.

Elle les réveille, et leur conte toute l'histoire; elles se mettent à pleurer, et la prient de les mener avec elle, qu'elles lui donneront leurs belles poupées, leur petit ménage d'argent, leurs autres jouets et leurs bonbons. — Je sais assez que vous n'en ferez rien, dit Finette, mais je n'en serai pas moins bonne sœur. Et se levant, elle suivit son fil, et les princesses aussi; de sorte qu'elles arrivèrent presque aussitôt que la reine.

En s'arrêtant à la porte, elles entendirent que le roi disait : J'ai le cœur tout saisi de vous voir revenir seule. — Bon, dit la reine, nous étions trop embarrassés de nos filles. — Encore, dit le roi, si vous aviez ramené ma Finette, je me consolerais des autres, car elles n'aiment rien.

Elles frappèrent : toc, toc. Le roi dit : Qui va là? Elles répondirent : Ce sont vos filles, Fleur-d'Amour, Belle-de-Nuit et Fine-Oreille.

La reine se mit à trembler : N'ouvrez pas, disait-elle, il faut que ce soit des esprits, car il est impossible qu'elles soient revenues. Le roi était aussi poltron que sa femme, et il disait : Vous me trompez, vous n'êtes point mes filles; mais Fine-Oreille, qui était adroite, lui dit : Mon papa, je vais me baisser, regardez-moi par le trou du chat, et si je ne suis pas Finette, je consens d'avoir le fouet. Le roi regarda comme elle lui avait dit, et dès qu'il l'eut reconnue, il leur ouvrit. La reine fit semblant d'être bien aise de les revoir; elle leur dit qu'elle avait oublié quelque chose, qu'elle l'était venue chercher; mais qu'assurément elle les aurait été retrouver. Elles feignirent de la croire, et montèrent dans un beau petit grenier où elles couchaient.

Çà, dit Finette, mes sœurs, vous m'avez promis une poupée, donnez-la moi. — Vraiment, tu n'as qu'à t'y attendre, petite coquine, dirent-elles, tu es cause que le roi ne nous regrette pas. Là-dessus, prenant leurs quenouilles, elles la battirent comme plâtre. Quand elles l'eurent bien battue, elle se coucha; et comme elle avait tant de plaies et de bosses, elle ne pouvait dormir, et entendit que la reine disait au roi : Je les mènerai d'un autre côté, encore plus loin, et je suis certaine qu'elles ne reviendront jamais.

Quand Finette entendit ce complot, elle se leva tout doucement pour aller voir encore sa marraine. Elle entra dans le poulailler, elle prit deux poulets et un maître coq, à qui elle tordit le cou, puis deux petits lapins que la reine nourrissait de choux, pour s'en régaler dans l'occasion; elle mit le tout dans un panier, et partit. Mais elle n'eut pas fait une lieue à tâtons, mourant de peur, que le cheval d'Espagne vint au galop, ronflant et hennissant; elle crut que c'était fait d'elle, que quelques gendarmes l'allaient prendre. Quand elle vit le joli cheval tout seul, elle monta dessus, ravie d'aller si à son aise : elle arriva promptement chez sa marraine.

Après les cérémonies ordinaires, elle lui présenta les poulets, le coq et les lapins, et la pria de l'aider de ses bons avis, parce que la reine avait juré qu'elle les mènerait jusqu'au bout du monde. Merluche dit à sa filleule de ne pas s'affliger ; elle lui donna un sac tout plein de cendre : Vous porterez le sac devant vous, lui dit-elle, vous le secouerez, vous marcherez sur la cendre ; et quand vous voudrez revenir, vous n'aurez qu'à regarder l'impression de vos pas ; mais ne ramenez point vos sœurs, elles sont trop mauvaises, et si vous les ramenez, je ne veux plus vous voir. Finette prit congé d'elle, emportant, par son ordre, pour trente ou quarante millions de diamants en une petite boîte, qu'elle mit dans sa poche : le cheval était tout prêt, et la rapporta comme à l'ordinaire.

Au point du jour, la reine appela les princesses ; elles vinrent, et elle leur dit : Le roi ne se porte pas trop bien ; j'ai rêvé cette nuit qu'il faut que j'aille lui cueillir des fleurs et des herbes en un certain pays où elles sont excellentes, elles le feront rajeunir ; c'est pourquoi allons-y tout à l'heure. Fleur-d'Amour et Belle-de-Nuit, qui ne croyaient pas que leur mère eût encore envie de les perdre, s'affligèrent de ces nouvelles. Il fallut pourtant partir ; elles allèrent si loin, qu'il ne s'est jamais fait un si long voyage. Finette, qui ne disait mot, se tenait derrière les autres, et secouait sa cendre à merveille, sans que le vent ni la pluie y gâtassent rien. La reine étant persuadée qu'elles ne pourraient retrouver le chemin, remarqua un soir que ses trois filles étaient bien endormies ; elle prit ce temps pour les quitter, et revint chez elle.

Quand il fut jour, et que Finette connut que sa mère n'y était plus, elle éveilla ses sœurs : Nous voici seules, dit-elle, la reine s'en est allée. Fleur-d'Amour et Belle-de-Nuit se prirent à pleurer : elles arrachaient leurs cheveux, et meurtrissaient leur visage à coups de poing. Elles s'écriaient : Hélas! qu'allons-nous faire? Finette était la meilleure fille du monde; elle eut encore pitié de ses sœurs. Voyez à quoi je m'expose, leur dit-elle ; car lorsque ma marraine m'a donné le moyen de revenir, elle m'a défendu de vous enseigner le chemin ; et que si je lui désobéissais, elle ne voulait plus me voir. Belle-de-Nuit se jeta au cou de Finette, autant en fit Fleur-d'Amour; elles la caressèrent si tendrement, qu'il n'en fallut pas davantage pour revenir toutes trois ensemble chez le roi et la reine.

Leurs majestés furent bien surprises de revoir les princesses ; ils en parlèrent toute la nuit, et la cadette, qui n'avait pas nom Fine-Oreille pour rien, entendait qu'ils faisaient un nouveau complot, et que le lendemain la reine se remettait en campagne. Elle courut éveiller ses sœurs. Hélas! leur dit-elle, nous sommes perdues, la reine veut absolument nous mener dans quelque désert, et nous y laisser. Vous êtes cause que j'ai fâché ma marraine, je n'ose l'aller trouver comme je faisais toujours. Elles restèrent bien en peine, et se disaient l'une à l'autre : Que ferons-nous, ma sœur, que ferons-nous? Enfin, Belle-de-Nuit dit aux deux autres : Il ne faut pas s'embarrasser, la vieille Merluche n'a pas tant d'esprit qu'il n'en reste un peu aux autres : nous n'avons qu'à nous charger de pois; nous les sèmerons le long du chemin, et nous reviendrons.

Fleur-d'Amour trouva l'expédient admirable ; elles se chargèrent de pois, elles remplirent leurs poches ; pour Fine-Oreille, au lieu de prendre des pois, elle prit le sac aux beaux habits, avec la petite boîte aux diamants, et dès que la reine les appela pour partir, elles se trouvèrent toutes prêtes.

Elle leur dit : J'ai rêvé cette nuit qu'il y a dans un pays, qu'il n'est pas nécessaire de nommer, trois beaux princes qui vous attendent pour vous épouser ; je vais vous y mener pour voir si mon songe est véritable. La reine allait devant et ses filles après, qui semaient des pois sans s'inquiéter, car elles étaient certaines de retourner à la maison. Pour cette fois la reine alla plus loin encore qu'elle n'était allée : mais pendant une nuit obscure, elle les quitta et revint trouver le roi ; elle arriva fort lasse et fort aise de n'avoir plus un si grand ménage sur les bras.

Les trois princesses ayant dormi jusqu'à onze heures du matin, se réveillèrent ; Finette s'aperçut la première de l'absence de la reine ; bien qu'elle s'y fût préparée, elle ne laissa pas de pleurer, se confiant davantage pour son retour à sa marraine la fée, qu'à l'habileté de ses sœurs. Elle fut leur dire toute effrayée : La reine est partie, il faut la suivre au plus vite.

— Taisez-vous, petite babouine, répliqua Fleur-d'Amour, nous trouverons bien le chemin quand nous voudrons, vous faites ici ma commère l'empressée mal à propos. Finette n'osa répliquer. Mais quand elles voulurent retrouver le chemin, il n'y avait plus ni traces ni sentiers, les pigeons, dont il y a grand nombre en ce pays-là, étaient venus manger les pois; elles se mirent à pleurer jusqu'aux cris.

Après être restées deux jours sans manger, Fleur-d'Amour dit à Belle-de-Nuit : Ma sœur, n'as-tu rien à manger? — Non, dit-elle. Elle dit la même chose à Finette : Je n'ai rien non plus, répliqua-t-elle, mais je viens de trouver un gland. — Ah! donnez-le moi, dit l'une. — Donnez-le moi, dit l'autre. Chacune le voulait avoir. — Nous ne serons guère rassasiées d'un gland à nous trois, dit Finette; plantons-le, il en viendra un autre qui nous pourra servir; elles y consentirent, quoiqu'il n'y eût guère d'apparence qu'il vînt un arbre dans un pays où il n'y en avait point; on n'y voyait que des choux et des laitues, dont les princesses mangeaient; si elles avaient été bien délicates, elles seraient mortes cent fois; elles couchaient presque toujours à la belle étoile; tous les matins et tous les soirs elles allaient tour à tour arroser le gland, et lui disaient : *Crois, crois, beau gland*; il commença de croître à vue d'œil.

Quand il fut un peu grand, Fleur-d'Amour voulut monter dessus, mais il n'était pas assez fort pour la porter; elle le sentait plier sous elle, aussitôt elle descendit; Belle-de-Nuit cut la même aventure; Finette plus légère s'y tint longtemps; et ses sœurs lui demandèrent : Ne vois-tu rien, ma sœur? Elle leur répondit : Non, je ne vois rien. — Ah! c'est que le chêne n'est pas assez haut, disait Fleur-d'Amour; de sorte qu'elles continuaient d'arroser le gland et de lui dire : *Crois, crois, beau gland*. Finette ne manquait jamais d'y monter deux fois par jour. Un matin qu'elle y était, Belle-de-Nuit dit à Fleur-d'Amour : J'ai trouvé un sac que notre sœur nous a caché; qu'est-ce qu'il peut y avoir dedans? Fleur-d'Amour répondit : Elle m'a dit que c'était de vieilles dentelles qu'elle raccommode. — Et moi je crois que c'est du bonbon, ajouta Belle-de-Nuit. Elle était friande, et voulut y voir; elle y trouva effectivement toutes les dentelles du roi et de la reine, mais elles servaient à cacher les beaux habits de Finette et la boîte de diamants. Eh bien! se peut-il une plus grande petite coquine, s'écria-t-elle, il faut prendre tout pour nous, et mettre des pierres à la place. Elles le firent promptement.

Finette revint sans s'apercevoir de la malice de ses sœurs, car elle ne s'avisait pas de se parer dans un désert; elle ne songeait qu'au chêne qui devenait le plus beau des chênes.

Une fois qu'elle y monta et que ses sœurs, selon leur coutume, lui demandèrent si elle ne découvrait rien, elle s'écria : Je découvre une grande maison, si belle, si belle que je ne saurais assez le dire ; les murs en sont d'émeraudes et de rubis, le toit de diamants ; elle est toute couverte de sonnettes d'or, les girouettes vont et viennent comme le vent. — Tu mens, disaient-elles, cela n'est pas si beau que tu le dis — Croyez-moi, répondit Finette, je ne suis pas menteuse, venez-y plutôt voir vous-mêmes, j'en ai les yeux tout éblouis. Fleur-d'Amour monta sur l'arbre : quand elle eut vu le château, elle ne s'en pouvait taire. Belle-de-Nuit, qui était fort curieuse, ne manqua pas de monter à son tour; elle demeura aussi ravie que ses sœurs. Certainement, dirent-elles, il faut aller à ce palais, peut-être nous y trouverons de beaux princes qui seront trop heureux de nous épouser. Tant que la soirée fut longue, elles ne parlèrent que de leur dessein, elles se couchèrent sur l'herbe ; mais lorsque Finette leur parut fort endormie, Fleur-d'Amour dit à Belle-de-Nuit : Savez-vous ce qu'il faut faire, ma sœur, levons-nous et nous habillons des riches habits que Finette a apportés. — Vous avez raison, dit Belle-de-Nuit ; elles se levèrent donc, se frisèrent, se poudrèrent, puis elles mirent des mouches, et les belles robes d'or et d'argent toutes couvertes de diamants ; il n'a jamais été rien de si magnifique.

Finette ignorait le vol que ses méchantes sœurs lui

avaient fait; elle prit son sac dans le dessein de s'habiller, mais elle demeura bien affligée de ne trouver que des cailloux; elle aperçoit en même temps ses sœurs qui s'étaient accommodées comme des soleils. Elle pleura et se plaignit de la trahison qu'elles lui avaient faite; et elles d'en rire et de se moquer. Est-il possible, leur dit-elle, que vous ayez le courage de me mener au château sans me parer et me faire belle? — Nous n'en avons pas trop pour nous, répliqua Fleur-d'Amour, tu n'auras que des coups si tu nous importunes. — Mais, continua-t-elle, ces habits que vous portez sont à moi, ma marraine me les a donnés, ils ne vous doivent rien. — Si tu parles davantage, dirent-elles, nous allons t'assommer, et nous t'enterrerons sans que personne le sache. La pauvre Finette n'eut garde de les agacer; elles les suivait doucement et marchait un peu derrière, ne pouvant passer que pour leur servante.

Plus elles approchaient de la maison, plus elle leur semblait merveilleuse. Ah! disaient Fleur-d'Amour et Belle-de-Nuit, que nous allons bien nous divertir; que nous ferons bonne chère! nous mangerons à la table du roi; mais pour Finette elle lavera les écuelles dans la cuisine, car elle est faite comme une souillon, et si l'on demande qui elle est, gardons-nous bien de l'appeler notre sœur : il faudra dire que c'est la petite vachère du village. Finette, qui était pleine d'esprit et de beauté, se désespérait d'être si mal traitée. Quand elles furent à la porte du château, elles frappèrent : aussitôt une vieille femme épouvantable leur vint ouvrir; elle n'avait qu'un œil au milieu du front, mais il était plus grand que cinq ou six autres, le

FINETTE CENDRON.

nez plat, le teint noir et la bouche si horrible qu'elle faisait peur; elle avait quinze pieds de haut et trente de tour. O malheureuses! qui vous amène ici? leur dit-elle. Ignorez-vous que c'est le château de l'ogre, et qu'à peine pouvez-vous suffire pour son déjeuner, mais je suis meilleure que mon mari; entrez, je ne vous mangerai pas tout d'un coup, vous aurez la consolation de vivre deux ou trois jours de plus. Quand elles entendirent l'ogresse parler ainsi, elles s'enfuirent, croyant se pouvoir sauver, mais une seule de ses enjambées en valait cinquante des leurs. Elle courut après et les reprit, les unes par les cheveux, les autres par la peau du cou; et les mettant sous son bras, elle les jeta toutes trois dans la cave qui était pleine de crapauds et de couleuvres, et l'on ne marchait que sur les os de ceux qu'ils avaient mangés.

Comme elle voulait croquer sur-le-champ Finette, elle fut quérir du vinaigre, de l'huile et du sel pour la manger en salade; mais elle entendit venir l'ogre, et trouvant que les princesses avaient la peau blanche et délicate, elle résolut de les manger toute seule, et les mit promptement sous une grande cuve où elles ne voyaient que par un trou.

L'ogre était six fois plus haut que sa femme; quand il parlait, la maison tremblait, et quand il toussait, il semblait des éclats de tonnerre : il n'avait qu'un grand vilain œil, ses cheveux étaient tout hérissés, il s'appuyait sur une bûche dont il avait fait une canne; il avait un panier couvert dans sa main; il en tira quinze petits enfants qu'il avait volés par les chemins, et qu'il avala comme quinze œufs frais. Quand les trois princesses le virent, elles tremblèrent sous la cuve ; elles n'osaient pleurer bien haut, de peur qu'il les entendît ; mais elles s'entredisaient tout bas : Il va nous manger tout en vie, comment nous sauverons-nous ? L'ogre dit à sa femme : Vois-tu, je sens chair fraîche, je veux que tu me la donnes. — Bon, dit l'ogresse, tu crois toujours sentir chair fraîche, et ce sont tes moutons qui sont passés par-là. — Oh ! je ne me trompe point, dit l'ogre, je sens chair fraîche assurément ; je vais chercher partout — Cherche, dit-elle, et tu ne trouveras rien. —Si je trouve, répliqua l'ogre, et que tu me le caches, je te couperai la tête pour en faire une boule. Elle eut peur de cette menace, et lui dit : Ne te fâches point, mon petit ogrelet, je vais te déclarer la vérité. Il est venu aujourd'hui trois jeunes fillettes que j'ai prises, mais ce serait dommage de les manger, car elles savent tout faire. Comme je suis vieille, il faut que je me repose ; tu vois que notre belle maison est fort malpropre, que notre pain n'est pas cuit, que la soupe ne te semble plus si bonne, et que je ne te parais plus si belle, depuis que je me tue de travailler ; elles seront mes servantes ; je te prie, ne les mange pas à présent ; si tu en as envie quelque jour, tu en seras assez le maître.

L'ogre eut bien de la peine à lui promettre de ne les pas manger tout à l'heure. Il disait : Laisse-moi faire, je n'en mangerai que deux. — Non, tu n'en mangeras pas. — Hé bien, je ne mangerai que la plus petite. Et elle disait : Non, tu n'en mangeras pas une. Enfin après bien des contestations, il lui promit de ne les pas manger. Elle pensait en elle-même, quand il ira à la chasse, je les mangerai, et je lui dirai qu'elles se sont sauvées.

L'ogre sortit de la cave, il lui dit de les mener devant lui ; les pauvres filles étaient presque mortes de peur, l'ogresse les rassura ; et quand il les vit, il leur demanda ce qu'elles savaient faire. Elles répondirent qu'elles savaient balayer, qu'elles savaient coudre et filer à merveille, qu'elles faisaient de si bons ragoûts, que l'on mangeait jusques aux plats, que pour du pain, des gâteaux et des pâtés, l'on en venait chercher chez elles de mille lieues à la ronde. L'ogre était friand, il dit : Çà, çà, mettons vîte ces bonnes ouvrières en besogne ; mais, dit-il à Finette, quand tu as mis le feu au four, comment peux-tu savoir s'il est chaud ? — Monseigneur, répliqua-t-elle, j'y jette du beurre, et puis j'y goûte avec la langue. — Hé bien, dit-il, allume donc le four. Ce four était aussi grand qu'une écurie, car l'ogre et l'ogresse mangeaient plus de pain que deux armées. La princesse y fit un feu effroyable, il était embrasé comme une fournaise, et l'ogre qui était présent, attendant le pain tendre, mangea cent agneaux et cent petits cochons de lait. Fleur-d'Amour et Belle-de-Nuit accommodaient la pâte. Le maître ogre dit : Hé bien, le four est-il chaud ? Finette répondit : Monseigneur, vous l'allez voir. Elle jeta devant lui mille livres de beurre au fond du four, et puis elle dit : Il faut tâter avec la langue, mais je suis trop petite. — Je suis grand, dit l'ogre, et se baissant, il s'enfonça si avant qu'il ne pouvait plus se retirer, de sorte qu'il brûla jusqu'aux os. Quand l'ogresse vint au four, elle demeura bien étonnée de trouver une montagne de cendre des os de son mari.

Fleur-d'Amour et Belle-de-Nuit, qui la virent affligée, la consolèrent de leur mieux; mais elles craignaient que sa douleur ne s'apaisât trop tôt, et que l'appétit lui venant, elle ne les mît en salade, comme elle avait déjà pensé faire. Elles lui dirent : Prenez courage, madame, vous trouverez quelque roi ou quelque marquis, qui seront heureux de vous épouser ; elle sourit un peu, montrant des dents plus longues que le doigt. Lorsqu'elles la virent de bonne humeur, Finette lui dit : Si vous vouliez quitter ces horribles peaux d'ours, dont vous êtes habillée, vous mettre à la mode, nous vous coifferions à merveille, vous seriez comme un astre. — Voyons, dit-elle, comme tu l'entends; mais assure-toi que s'il y a quelques dames plus jolies que moi, je te hacherai menu comme chair à pâté. Là-dessus deux des princesses lui ôtèrent son bonnet, et se mirent à la peigner et à la friser, tandis que Finette, prenant une hache, lui en donna par derrière un si grand coup, qu'elle sépara son corps d'avec sa tête. Il ne fut jamais une telle allégresse; elles montèrent sur le toit de la maison pour se divertir à sonner les clochettes d'or; elles furent dans toutes les chambres, qui étaient de perles et de diamants, et les meubles si riches qu'elles mouraient de plaisir; elles riaient et chantaient, rien ne leur manquait : du blé, des confitures, des fruits et des poupées en abondance. Fleur-d'Amour et Belle-de-Nuit se couchèrent dans des lits de brocard et de velours, et s'entredirent : Nous voilà plus riches que n'était notre père, quand il avait son royaume; mais il nous manque d'être mariées, il ne viendra personne ici, car cette maison passe assurément pour un coupe-gorge, car on ne sait point la mort de l'ogre et de l'ogresse. Il faut que nous allions à la plus prochaine ville nous faire voir avec nos beaux habits ; et nous n'y serons pas longtemps sans trouver de bons financiers qui seront bien aises d'épouser des princesses.

Dès qu'elles furent habillées, elles dirent à Finette qu'elles allaient se promener, qu'elle demeurât à la maison à faire le ménage et la lessive, et qu'à leur retour tout fût net et propre ; que si elle y manquait, elles l'assommeraient de coups. La pauvre Finette, qui avait le cœur serré de douleur, resta seule au logis, balayant, nettoyant, lavant sans se reposer, et toujours pleurant. Que je suis malheureuse, disait-elle, d'avoir désobéi à ma marraine, il m'en arrive toutes sortes de disgrâces ; mes sœurs m'ont volé mes riches habits ; ils servent à les parer ; sans moi, l'ogre et sa femme se porteraient encore bien ; de quoi me profite de les avoir fait mourir ? N'aimerais-je pas autant qu'ils m'eussent mangée que de vivre comme je vis ? Quand elle avait dit cela, elle pleurait à étouffer, puis ses sœurs arrivaient chargées d'oranges de Portugal, de confiture, de sucre, et elles lui disaient : Ah ! que nous venons d'un beau bal ; qu'il y avait de monde : le fils du roi y dansait ; l'on nous a fait mille honneurs : allons, viens nous déchausser et nous décrotter, car c'est là ton métier. Finette obéissait ; et si par hasard elle voulait dire un mot pour se plaindre, elles se jetaient sur elle, et la battaient à la laisser pour morte.

Le lendemain encore elles retournaient et revenaient conter des merveilles. Un soir que Finette était assise proche du feu sur un monceau de cendre, ne sachant que faire, elle cherchait dans les fentes de la cheminée; et cherchant ainsi elle trouva une petite clef si vieille et si crasseuse, qu'elle eut toutes les peines du monde à la nettoyer. Quand elle fut claire, elle connut qu'elle était d'or, et pensa qu'une clef d'or devait ouvrir un beau petit coffre; elle se mit aussitôt à courir par toute la maison, essayant la clef aux serrures, et enfin elle trouva une cassette qui était un chef-d'œuvre. Elle l'ouvrit : il y avait dedans des habits, des diamants, des dentelles, du linge, des rubans pour des sommes immenses; elle ne dit mot de sa bonne fortune; mais elle attendit impatiemment que ses sœurs sortissent le lendemain. Dès qu'elle ne les vit plus, elle se para de sorte qu'elle était plus belle que le soleil et la lune.

Ainsi ajustée, elle fut au même bal où ses sœurs dansaient; et quoiqu'elle n'eût point de masque, elle était si changée en mieux, qu'elles ne la reconnurent pas. Dès qu'elle parut dans l'assemblée, il s'éleva un murmure de voix, les unes d'admiration, et les autres de jalousie. On la prit pour danser; elle surpassa toutes les dames à la danse, comme elle les surpassait en beauté. La maîtresse du logis vint à elle, et lui ayant fait une profonde révérence, elle la pria de lui dire comment elle s'appelait, afin de ne jamais oublier le nom d'une personne si merveilleuse; elle lui répondit qu'on la nommait Cendron. Jamais petit nom ne fit tant de bruit en si peu de temps, les échos ne répétaient que des louanges de Cendron, l'on n'avait pas assez d'yeux pour la regarder, assez de bouche pour la louer.

Fleur-d'Amour et Belle-de-Nuit, qui avaient fait d'abord grand fracas dans les lieux où elles avaient paru, voyant l'accueil que l'on faisait à cette nouvelle venue, en crevaient de dépit; mais Finette se démêlait de tout cela de la meilleure grâce du monde; il semblait à son air qu'elle n'était faite que pour commander. Fleur-d'Amour et Belle-de-Nuit, qui ne voyaient leur sœur qu'avec de la suie de cheminée sur le visage, et plus barbouillée qu'un petit chien, avaient si fort perdu l'idée de sa beauté, qu'elles ne la reconnurent point du tout; elles faisaient leur cour à Cendron comme les autres. Dès qu'elle voyait le bal prêt à finir, elle sortait vite, revenait à la maison, se déshabillait en diligence, reprenait ses guenilles; et quand ses sœurs arrivaient : Ah! Finette, nous venons de voir lui disaient-elles, une jeune princesse qui est toute charmante ; ce n'est pas une guenuche comme toi, elle est blanche comme la neige, plus vermeille que les roses, ses dents sont de perles, ses lèvres de corail; elle a une robe qui pèse plus de mille livres, ce n'est qu'or et diamants : qu'elle est belle, qu'elle est aimable! Finette répondait entre ses dents : *Ainsi j'étais, ainsi j'étais*. Qu'est-ce que tu bourdonnes, disaient-elles : Finette répliquait encore plus bas : *ainsi j'étais*. Ce petit jeu dura longtemps; il n'y eut presque pas de jour que Finette ne changeât d'habits, car la cassette était fée, et plus on y en prenait, plus il en revenait, et si fort à la mode, que les dames ne s'habillaient que sur son modèle.

Un soir que Finette avait plus dansé qu'à l'ordinaire, et qu'elle avait tardé assez tard à se retirer, voulant réparer le temps perdu, et arriver chez elle première que ses sœurs en marchant de toute sa force, elle laissa tomber une de ses mules, qui était de velours rouge, toute brodée de perles. Elle fit son possible pour la retrouver dans le chemin ; mais le temps était si noir, qu'elle prit une peine inutile : elle rentra au logis un pied chaussé et l'autre nu.

Le lendemain le prince Chéri, fils aîné du roi, allant à la chasse, trouve la mule de Finette ; il la fait ramasser, la regarde, en admire la petitesse et la gentillesse, la tourne, retourne, la baise, la chérit, et l'emporte avec lui. Depuis ce jour-là, il ne mangeait plus ; il devenait maigre et changé, jaune comme un coing, triste, abattu. Le roi et la reine qui l'aimaient éperdument, envoyaient de tous côtés pour avoir de bon gibier et des confitures ; c'était pour lui moins que rien, il regardait tout cela sans répondre à la reine quand elle lui parlait. L'on envoya querir des médecins partout, même jusqu'à Paris et à Montpellier ; quand ils furent arrivés, on leur fit voir le prince, et après l'avoir considéré trois jours et trois nuits sans le perdre de vue, ils conclurent qu'il était amoureux, et qu'il mourrait si l'on n'y apportait remède.

La reine, qui l'aimait à la folie, pleurait à fondre en eau de ne pouvoir découvrir celle qu'il aimait, pour la lui faire épouser : elle amenait dans sa chambre les plus belles dames, il ne daignait pas les regarder. Enfin elle lui dit une fois : Mon cher fils, tu veux nous faire étouffer de douleur, car tu aimes, et tu nous caches tes sentiments ; dis-nous qui tu veux, et nous te la donnerons, quand ce ne serait qu'une simple bergère. Le prince, plus hardi par les promesses de la reine, tira la mule de dessous son chevet, et l'ayant montrée : Voilà, madame, lui dit-il, ce qui cause mon mal; j'ai trouvé cette petite, mignonne et jolie mule en allant à la chasse, je n'épouserai jamais que celle qui pourra la chausser. — Eh bien! mon fils, dit la reine, ne t'afflige point, nous la ferons chercher. Elle fut dire au roi cette nouvelle; il demeura bien surpris, et

commanda en même temps que l'on fût avec des tambours et des trompettes annoncer que toutes les filles et les femmes vinssent pour chausser la mule; que celle à qui elle serait propre, épouserait le prince. Chacune ayant entendu de quoi il était question, se décrassa les pieds avec toutes sortes d'eaux, de pâtes et de pommades. Il y eut des dames qui se les firent peler, pour avoir la peau plus belle; d'autres jeûnaient, ou se les écorchaient, afin de les avoir plus petits. Elles allaient en foule essayer la mule, une seule ne la pouvait mettre; et plus il en venait inutilement, plus le prince s'affligeait.

Fleur-d'Amour et Belle-de-Nuit se firent un jour si braves, que c'était une chose étonnante. Où allez-vous donc? leur dit Finette. — Nous allons à la grande ville, répondirent-elles, où le roi et la reine demeurent, essayer la mule que le fils du roi a trouvée; car si elle est propre à

l'une de nous deux, il l'épousera, et nous serons reines. — Et moi, dit Finette, n'irai-je point? — Vraiment, dirent-elles, tu es un bel oison bridé : va, va arroser nos choux, tu n'es propre à rien.

Finette songea aussitôt qu'elle mettrait ses plus beaux habits, et qu'elle irait tenter l'aventure comme les autres, car elle avait quelque petit soupçon qu'elle y aurait bonne part; ce qui lui faisait de la peine, c'est qu'elle ne savait point le chemin, le bal où on allait danser n'était pas dans la grande ville. Elle s'habilla magnifiquement;

sa robe était de satin bleu, toute couverte d'étoiles et de diamants; elle avait un soleil sur la tête, une pleine lune sur le dos; tout cela brillait si fort, qu'on ne pouvait la regarder sans clignoter des yeux. Quand elle ouvrit la porte pour sortir, elle resta bien étonnée de retrouver le joli cheval d'Espagne, qui l'avait portée chez sa marraine : elle le caressa, et lui dit : Sois le bien venu, mon petit dada, je suis obligée à ma marraine Merluche. Il se baissa, elle s'assit dessus comme une nymphe : il était tout couvert d'or et de rubans, sa housse et sa bride n'avaient point de prix; et Finette était trente fois plus belle que la belle Hélène.

Le cheval d'Espagne allait légèrement, ses sonnettes faisaient din, din, din; Fleur-d'Amour et Belle-de-Nuit les ayant entendues, se retournèrent et la virent venir; mais dans ce moment quelle fut leur surprise, elles la reconnurent pour être Finette Cendron. Elles étaient fort crottées, leurs beaux habits étaient couverts de boue : Ma sœur, s'écria Fleur-d'Amour, en parlant à Belle-de-Nuit, je vous proteste que voici Finette Cendron; l'autre s'écria tout de même, et Finette passant près d'elles, son cheval les éclaboussa, et leur fit un masque de crotte; elle se prit à rire, et leur dit : Altesses, Cendron vous méprise autant que vous le méritez; puis, passant comme un trait, la voilà partie.

Belle-de-Nuit et Fleur-d'Amour s'entre regardèrent : Est-ce que nous rêvons? disaient-elles; qui est-ce qui peut avoir fourni des habits et un cheval à Finette? Quelle merveille, le bonheur lui en veut, elle va chausser la mule, et nous n'aurons que la peine d'un voyage inutile.

Pendant qu'elles se désespéraient, Finette arrive au palais; dès qu'on la vit, chacun crut que c'était une reine : les gardes prennent leurs armes, l'on bat le tambour, l'on sonne de la trompette, l'on ouvre toutes les portes, et ceux

qui l'avaient vue au bal allaient devant elle, disant : Place, place, c'est la belle Cendron, c'est la merveille de l'univers!

Elle entre avec cet appareil dans la chambre du prince mourant; il jette les yeux sur elle, et demeure charmé, souhaitant qu'elle eût le pied assez petit pour chausser la mule : elle la mit tout d'un coup et montra la pareille, qu'elle avait apportée exprès. En même temps l'on crie : Vive la princesse Chérie, vive la princesse qui sera notre reine. Le prince se leva de son lit, il vint lui baiser les mains; elle le trouva beau et plein d'esprit : il lui fit mille amitiés. L'on avertit le roi et la reine, qui accoururent; la reine prend Finette entre ses bras, l'appelle sa fille, sa mignonne, sa petite reine, lui fait des présents admirables, sur lesquels le roi libéral renchérit encore. L'on tire le canon; les violons, les musettes, tout joue; l'on ne parle que de danser et de se réjouir.

Le roi, la reine et le prince prient Cendron de se laisser marier : Non, dit-elle; il faut avant que je vous conte mon histoire. Ce qu'elle fit en quatre mots. Quand ils surent qu'elle était née princesse, c'était bien une autre joie, il tint à peu qu'ils n'en mourussent; mais lorsqu'elle leur dit le nom du roi son père, de la reine sa mère, ils reconnurent que c'était eux qui avaient conquis leur royaume : ils le lui annoncèrent, et elle jura qu'elle ne consentirait point à son mariage qu'ils ne rendissent les États de son père; ils le lui promirent, car ils avaient plus de cent royaumes, un de moins n'était pas une affaire.

Cependant Belle-de-Nuit et Fleur-d'Amour arrivèrent. La première nouvelle fut que Cendron avait mis la mule; elles ne savaient que faire, ni que dire, elles voulaient s'en retourner sans la voir; mais quand elle sut qu'elles étaient là, elle les fit entrer, et, au lieu de leur faire mauvais visage, et de les punir comme elles le méritaient, elle se leva et fut au-devant d'elles les embrasser tendrement, puis elles les présenta à la reine, lui disant : Madame, ce sont mes sœurs qui sont fort aimables, je vous prie de les aimer. Elles demeurèrent si confuses de la bonté de Finette, qu'elles ne pouvaient proférer un mot. Elle leur promit qu'elles retourneraient dans leur royaume, que le prince le voulait rendre à leur famille. A ces mots, elles se jetèrent à genoux devant elle, pleurant de joie.

Les noces furent les plus belles que l'on eût jamais vues. Finette écrivit à sa marraine, et mit sa lettre, avec de grands présents, sur le joli cheval d'Espagne, la priant de chercher le roi et la reine, de leur dire son bonheur, et qu'ils n'avaient qu'à retourner dans leur royaume.

La fée Merluche s'acquitta fort bien de cette commission. Le père et la mère de Finette revinrent dans leurs États, et ses sœurs furent reines aussi bien qu'elle.

Pour tirer d'un ingrat une noble vengeance,
De la jeune Finette imite la prudence;

Ne cesse point sur lui de verser des bienfaits ;
>> Tous tes présents et tes services,
>> Sont autant de vengeurs secrets,
Qui dans son cœur troublé préparent des supplices.
>> Belle-de-Nuit et Fleur-d'Amour
>> Sont plus cruellement punies,
Quand Finette leur fait des grâces infinies,
Que si l'ogre cruel leur ravissait le jour :
>> Suis donc en tout temps sa maxime,
>> Et songe en ton ressentiment,
>> Que jamais un cœur magnanime,
Ne saurait se venger plus généreusement.

LA PRINCESSE ROSETTE.

LA PRINCESSE ROSETTE.

Il était une fois un roi et une reine qui avaient deux beaux garçons. La reine n'avait jamais d'enfants, qu'elle n'envoyât convier les fées à leur naissance; elle les priait toujours de lui dire ce qui leur devait arriver.

Un jour que la reine avait mis au monde une belle petite fille, qui était si jolie, qu'on ne pouvait la voir sans l'aimer, elle régala toutes les fées qui étaient venues la voir, et leur dit, quand elles furent prêtes à s'en aller: N'oubliez pas votre bonne coutume, et dites-moi ce qui arrivera à Rosette (c'est ainsi que l'on appelait la petite princesse). Les fées lui dirent qu'elles avaient oublié leur grimoire chez elles et qu'elles reviendraient une autre fois la voir. Ah! dit la reine, cela ne m'annonce rien de bon, vous ne voulez pas m'affliger par une mauvaise prédiction; mais, je vous en prie, que je sache tout, ne me cachez rien. Elles s'en excusaient bien fort; et la reine avait encore bien plus d'envie de savoir ce que c'était. Enfin, la principale lui dit : Nous craignons, madame, que Rosette ne cause un grand malheur à ses frères; qu'ils ne meurent dans quelque affaire pour elle. Voilà tout ce que nous pouvons deviner sur cette belle petite fille. Elles s'en allèrent; et la reine resta si triste, que le roi s'en aperçut. Il lui demanda ce qu'elle avait? Elle répondit qu'elle s'était approchée trop près du feu, et qu'elle avait brûlé tout le lin qui était sur la quenouille. N'est-ce que cela? dit le roi. Il monta dans son grenier, et lui apporta plus de lin qu'elle n'en pouvait filer en cent ans.

La reine continua d'être triste : il lui demanda ce qu'elle avait. Elle lui dit qu'étant au bord de la rivière, elle avait laissé tomber dedans sa pantoufle de satin vert. N'est-ce que cela? dit le roi. Il envoya quérir tous les cordonniers de son royaume, et lui apporta dix mille pantoufles de satin vert.

Elle continua d'être triste; il lui demanda ce qu'elle avait. Elle lui dit, qu'en mangeant de trop bon appétit, elle avait avalé sa bague de noce, qui était à son doigt. Le roi connut qu'elle était menteuse; car il avait serré cette bague, et il lui dit : Ma chère femme, vous mentez; voilà votre bague que j'ai serrée dans ma bourse. Dame! elle fut bien attrapée d'être prise à mentir (car c'est la chose la plus laide du monde), et elle vit que le roi boudait; c'est pourquoi elle lui dit ce que les fées avaient prédit de la petite Rosette, et que s'il savait quelque bon remède, il le dît. Le roi s'attrista beaucoup; jusque-là qu'il dit une fois à la reine : Je ne sais point d'autre moyen de sauver nos deux fils, qu'en faisant mourir la petite pendant qu'elle est au maillot. Mais la reine s'écria qu'elle souffrirait plutôt la mort elle-même; qu'elle ne consentirait point à une si grande cruauté, et qu'il pensât à une autre chose.

Comme le roi et la reine n'avaient que cela dans l'esprit, on apprit à la reine qu'il y avait dans un grand bois proche de la ville un vieil ermite, qui couchait dans le tronc d'un arbre, que l'on allait consulter de partout. Elle dit : il faut que j'y aille aussi; les fées m'ont dit le mal, mais elles ont oublié le remède. Elle monta de bon matin sur une belle petite mule blanche toute ferrée d'or, avec deux de ses demoiselles, qui avaient chacune un joli cheval. Quand elles furent près du bois, la reine et ses demoiselles descendirent par respect de cheval, et furent à l'arbre où l'ermite demeurait. Il n'aimait guère à voir des femmes; mais quand il vit que c'était la reine, il lui dit : Vous, soyez la bienvenue; que me voulez-vous? Elle lui conta ce que les fées avaient dit de Rosette, et lui demanda conseil. Il lui dit qu'il fallait mettre la princesse dans une tour, sans qu'elle en sortît jamais. La reine le remercia, lui fit une bonne aumône, et revint tout dire au roi.

Quand le roi sut ces nouvelles, il fit vitement bâtir une grosse tour. Il y mit sa fille; et pour qu'elle ne s'ennuyât point, le roi, la reine et les deux frères l'allaient voir tous les jours. L'aîné s'appelait le grand prince, et le cadet le petit prince. Ils aimaient leur sœur passionnément; car elle était la plus belle et la plus gracieuse que l'on eût jamais vue, et le moindre de ses regards valait mieux que cent pistoles. Quand elle eut quinze ans, le grand prince disait au roi : Mon papa, ma sœur est assez grande pour être mariée ; n'irons-nous pas bientôt à la noce ? Le roi, prenant Rosette sur ses genoux, l'embrassait sans répondre aux deux jeunes princes.

Enfin le roi et la reine tombèrent bien malades, et moururent presque en un même jour. Voilà tout le monde fort triste ; l'on s'habille de noir, et l'on sonne les cloches partout. Rosette était inconsolable de la mort de sa bonne maman.

Quand le roi et la reine eurent été enterrés, les marquis et les ducs du royaume firent monter le grand prince sur un trône d'or et de diamants, avec une belle couronne sur sa tête, et des habits de velours violet, chamarrés de soleils et de lunes, et puis toute la cour cria trois fois : Vive le roi. L'on ne songea plus qu'à se réjouir.

Le roi et son frère s'entre-dirent : A présent que nous sommes les maîtres, il faut retirer notre sœur de la tour, où elle s'ennuie depuis longtemps. Ils n'eurent qu'à traverser le jardin pour aller à la tour qui était bâtie au coin, toute la plus haute que l'on avait pu ; car le roi et la reine défunts voulaient qu'elle y demeurât toujours. Rosette brodait une belle robe sur un métier qui était là devant elle ; mais quand elle vit ses frères, elle se leva, et fut prendre la main du roi, lui disant : Bonjour, sire, à présent vous êtes roi, et moi votre petite servante ; je vous prie de me retirer de la tour, où je m'ennuie bien fort. Et là-dessus elle se mit à pleurer. Le roi l'embrassa, et lui dit de ne point pleurer ; qu'il venait pour l'ôter de la tour, et la mener dans un beau château. Le prince avait tout plein ses poches de dragées, qu'il donna à Rosette : Allons, lui dit-il, sortons de cette vilaine tour, le roi te mariera bientôt, ne t'afflige point.

Quand Rosette vit le beau jardin tout rempli de fleurs, de fruits, de fontaines, elle demeura si étonnée, qu'elle ne pouvait pas dire un mot, car elle n'avait encore jamais rien vu. Elle regardait de tous côtés, elle marchait, elle s'arrêtait, elle cueillait des fruits sur les arbres, et des fleurs dans le parterre ; son petit chien, appelé Frétillon, qui était vert comme un perroquet, qui n'avait qu'une oreille, et qui dansait à ravir, allait devant elle, faisant jap, jap, jap, avec mille sauts et mille cabrioles.

Frétillon réjouissait fort la compagnie; il se mit tout d'un coup à courir dans un petit bois. La princesse le suivit, et jamais l'on n'a été plus émerveillé qu'elle le fut, de voir dans ce bois un grand paon qui faisait la roue, et qui lui parut si beau, si beau, qu'elle n'en pouvait retirer ses yeux. Le roi et le prince arrivèrent auprès d'elle, et lui demandèrent à quoi elle s'amusait. Elle leur montra le paon, et leur demanda ce que c'était que cela. Ils lui dirent que c'était un oiseau dont on mangeait quelquefois. Quoi ! dit-elle, l'on ose tuer un si bel oiseau et le manger? Je vous déclare que je ne me marierai jamais qu'au roi des paons, et quand j'en serai la reine, j'empêcherai bien que l'on en mange. L'on ne peut dire l'étonnement du roi. Mais, ma sœur, lui dit-il, où voulez-vous que nous trouvions le roi des paons? — Où il vous plaira, sire; mais je ne me marierai qu'à lui.

Après avoir pris cette résolution, les deux frères l'emmenèrent à leur château, où il fallut apporter le paon, et le mettre dans sa chambre, car elle l'aimait beaucoup. Toutes les dames qui n'avaient point vu Rosette, accoururent pour la saluer et lui faire la cour; les unes lui apportaient des confitures, les autres du sucre, les autres des robes d'or, de beaux rubans, des poupées, des souliers en broderie, des perles, des diamants, on la régalait partout; et elle était si bien apprise, si civile, baisant la main, faisant la révérence quand on lui donnait quelque belle chose, qu'il n'y avait personne qui ne s'en retournât content.

Pendant qu'elle causait avec bonne compagnie, le roi et le prince songeaient à trouver le roi des paons, s'il y en avait un au monde. Ils s'avisèrent qu'il fallait faire un portrait de la princesse Rosette; et ils le firent faire si beau, qu'il ne lui manquait que la parole, et lui dirent : Puisque vous ne voulez épouser que le roi des paons, nous allons partir ensemble, et vous l'aller chercher par toute la terre. Si nous le trouvons, nous serons bien aises; prenez soin de notre royaume en attendant que nous revenions.

Rosette les remercia de la peine qu'ils prenaient; elle leur dit qu'elle gouvernerait bien le royaume, et qu'en leur absence tout son plaisir serait de regarder le beau paon, et de faire danser Frétillon. Ils ne purent s'empêcher de pleurer en se disant adieu.

Voilà les deux princes partis, qui demandaient à tout le monde : Ne connaissez-vous point le roi des paons? Chacun disait : Non, non. Comme cela, ils allèrent si loin, si loin, que personne n'a jamais été si loin.

Ils arrivèrent au royaume des hannetons : il ne s'en est point encore tant vu; ils faisaient un si grand bourdonnement que le roi avait peur de devenir sourd. Il demanda à celui de tous qui lui parut le plus raisonnable, s'il ne savait point en quel endroit il pourrait trouver le roi des paons. — Sire, lui dit le hanneton, son royaume est à trente mille lieues d'ici; vous avez pris le plus long pour y aller. — Et comment savez-vous cela? dit le roi. — C'est, répondit le hanneton, que nous vous connaissons bien, et que nous allons tous les ans passer deux ou trois mois dans vos jardins. Voilà le roi et son frère qui embrassent le hanneton bras dessus, bras dessous; ils se firent grande amitié, et dînèrent ensemble; ils virent avec admiration toutes les curiosités de ce pays-là, où la plus petite feuille d'arbre vaut une pistole. Après cela, ils partirent pour achever leur voyage; et comme ils savaient le chemin, ils ne furent pas longtemps sans arriver. Ils voyaient tous les arbres chargés de paons; et tout en était si rempli, qu'on les entendait crier et parler de deux lieues.

Le roi disait à son frère : Si le roi des paons est un paon lui-même, comment notre sœur prétend-elle l'épouser? Il faudrait être fou pour y consentir. Voyez la belle alliance qu'elle nous donnerait; des petits paonneaux pour neveux. Le prince n'était pas moins en peine. C'est là, dit-il, une malheureuse fantaisie qui lui est venue dans l'esprit, je ne sais où elle a été deviner qu'il y a dans le monde un roi des paons.

Quand ils arrivèrent à la grande ville, ils virent qu'elle

était pleine d'hommes et de femmes; mais qu'ils avaient des habits faits de plumes de paons, et qu'ils en mettaient partout comme une fort belle chose. Ils rencontrèrent le roi, qui sortait de son château dans un beau petit carrosse d'or et de diamants, que douze paons menaient à toute bride. Ce roi des paons était si beau, si beau, que le roi et le prince en furent charmés ; il avait de longs cheveux blonds et frisés, le visage blanc, une couronne de queue de paons. Quand il les vit, il jugea que puisqu'ils avaient des habits d'une autre façon que les gens du pays, il fallait qu'ils fussent étrangers ; et pour le savoir, il arrêta son carrosse, et les fit appeler.

Le roi et le prince vinrent à lui ; ayant fait la révérence, ils lui dirent : Sire, nous venons de bien loin pour vous montrer un beau portrait. Ils tirèrent de leur valise le grand portrait de Rosette. Lorsque le roi des paons l'eut bien regardé : Je ne peux croire, dit-il, qu'il y ait au monde une si belle fille. — Elle est encore cent fois plus belle, dit le roi. — Ah! vous vous moquez, répliqua le roi des paons. — Sire, dit le prince, voilà mon frère qui est roi comme vous, il s'appelle le roi, et moi je me nomme le prince ; notre sœur, dont voici le portrait, est la princesse Rosette : nous vous venons demander si vous la voulez épouser ; elle est belle et bien sage, et nous lui donnerons un boisseau d'écus d'or. — Oui-dà, dit le roi, je l'épouserai de bon cœur ; elle ne manquera de rien avec moi, je l'aimerai beaucoup ; mais je vous assure que je veux qu'elle soit aussi belle que son portrait, et que s'il s'en manque la moindre petite chose, je vous ferai mourir. — Hé bien! nous y consentons, dirent les deux frères de Rosette. — Vous y consentez, ajouta le roi? Allez donc en prison, et vous y tenez jusqu'à ce que la princesse soit arrivée. Les princes le firent sans difficulté ; car ils étaient bien certains que Rosette était plus belle que son portrait.

Lorsqu'ils furent dans la prison, le roi les envoya servir à merveille ; il les allait voir souvent, et il avait dans son château le portrait de Rosette, dont il était si affolé, qu'il ne dormait ni jour ni nuit. Comme le roi et son frère étaient en prison, ils écrivirent par la poste à la princesse de faire son paquet, et de s'embarquer promptement parce

qu'enfin le roi des paons l'attendait. Ils ne lui mandèrent pas qu'ils étaient prisonniers, de peur de l'inquiéter trop.

Quand elle reçut cette lettre, elle fut tellement transportée, qu'elle en pensa mourir ; elle dit à tout le monde que le roi des paons était trouvé, et qu'il voulait l'épouser. On alluma des feux de joie, on tira le canon, l'on mangea des dragées et du sucre partout : l'on donna à tous ceux qui vinrent voir la princesse, pendant trois jours, une beurrée de confitures et de l'hypocras. Après qu'elle eut fait ainsi des libéralités, elle laissa ses belles poupées à ses bonnes amies, et le royaume de son frère entre les mains des plus sages vieillards de la capitale. Elle leur recommanda bien d'avoir soin de tout, de ne guère dépenser, d'amasser de l'argent pour le retour du roi ; elle les pria de conserver son paon, et ne voulut mener avec elle que sa nourrice et sa sœur de lait, avec le petit chien vert Frétillon.

Elles se mirent dans un bateau sur la mer. Elles portaient le boisseau d'écus d'or, et des habits pour dix ans, à en changer deux fois par jour : elles ne faisaient que rire et chanter. La nourrice demandait au batelier : Approchons-nous, approchons-nous du royaume des paons ? Il lui disait : Non, non. Une autre fois elle lui demandait : Approchons-nous, approchons-nous ? Il lui disait : Bientôt, bientôt. Une autre fois elle lui dit : Approchons-nous, approchons-nous ? Il répliqua : Oui, oui. Et quand il eut dit cela, elle se mit au bout du bateau, assise auprès de lui, et lui dit : Si tu veux tu seras riche à jamais. Il répondit : Je le veux bien. Elle continua : Si tu veux, tu gagneras de bonnes pistoles. Il répondit : Je ne demande pas mieux.—Eh bien, dit-elle, il faut que cette nuit, pendant que la princesse dormira, tu m'aides à la jeter dans la mer. Après qu'elle sera noyée, j'habillerai ma fille de ses beaux habits, et nous la mènerons au roi des paons, qui sera bien aise de l'épouser ; et pour ta récompense, nous te donnerons ton plein cou chargé de diamants.

Le batelier fut bien étonné de ce que lui proposait la nourrice. Il lui dit que c'était dommage de noyer une si belle princesse, qu'elle lui faisait pitié ; mais elle prit une bouteille de vin, et le fit tant boire, qu'il ne savait plus la refuser.

La nuit étant venue, la princesse se coucha comme elle avait accoutumé; son petit Frétillon était joliment couché au fond du lit, sans remuer ni pieds ni pattes. Rosette dormait de toute sa force, quand la méchante nourrice, qui ne dormait pas, s'en alla querir le batelier. Elle le fit entrer dans la chambre de la princesse; puis sans la réveiller, ils la prirent avec son lit de plume, son matelas, ses draps, ses couvertures : la sœur de lait aidait de toute sa force. Ils jetèrent tout cela dans la mer; et la princesse dormait de si bon sommeil, qu'elle ne se réveilla point.

Mais ce qu'il y eut d'heureux, c'est que son lit de plume était fait de plumes de phénix, qui sont fort rares, et qui ont cette propriété, qu'elles ne vont jamais au fond de l'eau; de sorte qu'elle nageait dans son lit, comme si elle eût été dans un bateau. L'eau pourtant mouillait peu à peu son lit de plume, puis le matelas; et Rosette sentant de l'eau, ne savait ce que cela voulait dire.

Comme elle se tournait d'un côté sur l'autre, Frétillon s'éveilla. Il avait le nez excellent; il sentait les soles et les morues de si près, qu'il se mit à japper, à japper tant, qu'il éveilla tous les autres poissons. Ils commencèrent à nager; les gros poissons donnaient de la tête contre le lit de la princesse, qui ne tenant à rien, tournait et retournait comme une pirouette. Dame! elle était bien étonnée. Est-ce que notre bateau danse sur l'eau? disait-elle. Je n'ai point habitude d'être si mal à mon aise que je suis cette nuit. Et toujours Frétillon qui jappait, et qui faisait une vie de désespéré. La méchante nourrice et le batelier l'entendaient de bien loin, et disaient : Voilà ce petit drôle de chien qui boit avec sa maîtresse à notre santé ; dépêchons-

nous d'arriver. Car ils étaient tout contre la ville du roi des paons.

Il avait envoyé au bord de la mer cent carrosses, tirés par toutes sortes de bêtes rares : il y avait des lions, des ours, des cerfs, des loups, des chevaux, des bœufs, des ânes, des aigles, des paons ; et le carrosse où la princesse Rosette devait se mettre était traîné par six singes bleus, qui sautaient, qui dansaient sur la corde, qui faisaient mille tours agréables : ils avaient de beaux harnais de velours cramoisi, avec des plaques d'or. On voyait soixante jeunes demoiselles que le roi avait choisies pour la divertir ; elles étaient habillées de toutes sortes de couleurs, et l'or et l'argent étaient la moindre chose.

La nourrice avait pris grand soin de parer sa fille ; elle lui mit les diamants de Rosette à la tête et partout, et sa plus belle robe. Mais elle était avec ses ajustements plus laide qu'une guenon ; ses cheveux d'un noir gras, les yeux de travers, les jambes tortues, une grosse bosse au milieu du dos, de méchante humeur et maussade, qui grognait toujours.

Quand tous les gens du roi des paons la virent sortir du bateau, ils demeurèrent si surpris, qu'ils ne pouvaient parler. Qu'est-ce que cela? dit-elle. Est-ce que vous dormez? Allons, allons, que l'on m'apporte à manger; vous êtes de bonnes canailles, je vous ferai tous pendre. A cette nouvelle ils se disaient : Quelle vilaine bête! Elle est aussi méchante que laide. Voilà notre roi bien marié, je ne m'étonne point; ce n'était pas la peine de la faire venir du bout du monde. Elle faisait toujours la maîtresse ; et pour moins que rien, elle donnait des soufflets et des coups de poing à tout le monde.

Comme son équipage était fort grand, elle allait doucement : elle se carrait comme une reine dans son carrosse. Mais tous les paons qui s'étaient mis sur les arbres pour la saluer en passant, et qui avaient résolu de crier : Vive la belle reine Rosette; quand ils l'aperçurent si horrible, ils criaient : Fi, fi, qu'elle est laide ! Elle enrageait de dépit, et disait à ses gardes : Tuez ces coquins de paons qui me chantent injures. Les paons s'envolaient bien vite, et se moquaient d'elle.

Le fripon de batelier qui voyait tout cela, disait tout bas à la nourrice : Commère, nous ne sommes pas bien ; votre fille devrait être plus jolie. Elle lui répondit : Tais-toi, étourdi, tu nous porteras malheur.

L'on fut avertir le roi que la princesse approchait. Hé bien, dit-il, ses frères m'ont-ils dit vrai ? Est-elle plus belle que son portrait ? — Sire, dit-on, c'est bien assez qu'elle soit aussi belle. — Oui-dà, dit le roi, j'en serai bien content : allons la voir. Car il entendit par le grand bruit que l'on faisait dans la cour, qu'elle arrivait ; et il ne pouvait rien distinguer de ce que l'on disait, sinon, fi, fi, qu'elle est laide ! Il crut qu'on parlait de quelque naine ou de quelque bête qu'elle avait peut-être amenée avec elle ; car il ne pouvait lui entrer dans l'esprit que ce fût effectivement d'elle-même.

L'on portait le portrait de Rosette au bout d'un grand bâton, tout découvert ; et le roi marchait gravement après, avec tous ses barons et tous ses paons, puis les ambassadeurs des royaumes voisins. Le roi des paons avait grande impatience de voir sa chère Rosette ; dame ! quand il l'aperçut, peu s'en fallut qu'il ne mourût sur la place ; il se mit dans la plus grande colère du monde, il déchira ses habits, il ne voulait pas l'approcher : elle lui faisait peur.

Comment, dit-il, ces deux marauds que je tiens dans mes prisons ont bien de la hardiesse de s'être moqués de moi, et de m'avoir proposé d'épouser une magotte comme cela ; je les ferai mourir. Allons, que l'on enferme tout à l'heure cette pimbêche, sa nourrice, et celui qui les amène ; qu'on les mette au fond de ma grande tour.

D'un autre côté, le roi et son frère qui étaient prisonniers, et qui savaient que leur sœur devait arriver, avaient mis leurs plus beaux habits pour la recevoir. Au lieu de venir ouvrir la prison et les mettre en liberté, ainsi qu'ils l'espéraient; le geôlier vint avec des soldats, et les fit descendre dans une cave toute noire, pleine de vilaines bêtes, où ils avaient de l'eau jusqu'au cou : l'on n'a jamais été plus étonné, ni plus triste. Hélas ! disaient-ils l'un à l'autre, voilà de tristes noces pour nous ! Qu'est-ce qui peut nous procurer un si grand malheur? Ils ne savaient au monde que penser, sinon qu'on voulait les faire mourir.

Trois jours se passèrent sans qu'ils entendissent parler de rien. Au bout de trois jours, le roi des paons vint leur dire des injures par un trou. Vous avez pris le titre de roi et de prince, leur cria-t-il, pour m'attraper, et pour m'engager à épouser votre sœur ; mais vous n'êtes tous que des misérables, qui ne valez pas l'eau que vous buvez. Je vais vous donner des juges, qui feront bien vite votre procès; l'on file déjà la corde dont je vous ferai pendre. — Roi des paons, répondit le roi en colère, n'allez pas si vite dans cette affaire, car vous pourriez vous en repentir. Je suis roi comme vous, j'ai un beau royaume, des habits et des couronnes, et de bons écus ; vous êtes bien plaisant de nous vouloir faire pendre ; est-ce que nous avons volé quelque chose ?

Quand le roi l'entendit parler si résolument il ne savait où il en était, et il avait quelquefois envie de les laisser aller avec leur sœur, sans les faire mourir; mais son confident, qui était un vrai flatteur, l'encouragea ; lui disant que s'il ne se vengeait, tout le monde se moquerait de lui, et qu'on le prendrait pour un petit roitelet. Il jura de ne leur point pardonner, et il commanda que l'on fît leur procès. Cela ne dura guère; il n'y eut qu'à voir le portrait de la véritable princesse Rosette auprès de celle qui était venue, et qui disait l'être; de sorte qu'on les condamna d'avoir le col coupé, comme étant menteurs, puisqu'ils avaient promis une belle princesse au roi, et qu'ils ne lui avaient donné qu'une laide paysanne.

L'on fut à la prison en grand appareil leur lire cet arrêt, et ils s'écrièrent qu'ils n'avaient point menti; que leur sœur était princesse, et plus belle que le jour; qu'il y avait quelque chose là-dessous qu'ils n'entendaient pas, et qu'ils demandaient encore sept jours, avant qu'on les fît mourir. Le roi des paons, qui était fort en colère, eut bien de la peine à leur accorder cette grâce; mais enfin il y consentit.

Pendant que toutes ces affaires se passaient à la cour, il faut dire quelque chose de la pauvre princesse Rosette. Dès qu'il fut jour, elle demeura bien étonnée, et Frétillon aussi, de se voir au milieu de la mer sans bateau et sans secours. Elle se prit tant à pleurer, qu'elle faisait pitié à tous les poissons. Assurément, disait-elle, j'ai été jetée dans la mer par l'ordre du roi des paons; il s'est repenti de m'épouser, et pour se défaire de moi, il m'a fait noyer. Là-dessus elle pleurait plus fort; car elle ne pouvait s'empêcher de penser à ses frères qui l'aimaient tant.

Elle demeura deux jours ainsi flottante d'un côté et de l'autre de la mer, mouillée jusqu'aux os, enrhumée à mourir, et presque transie; si ce n'avait été le petit Frétillon, qui lui réchauffait un peu le cœur, elle serait morte cent fois : elle avait une faim épouvantable. Elle vit des huîtres, elle en prit tant qu'elle en voulut, et elle en mangea : Frétillon ne les aimait guère, il fallut pourtant bien qu'il s'en nourrît. Quand la nuit venait, la grande peur prenait à Rosette ; et elle disait à son chien : Frétillon, jappe toujours, de crainte que les soles ne nous mangent.

Il avait jappé toute la nuit, et le lit de la princesse n'était pas bien loin du bord de l'eau. En ce lieu-là il y avait un bon vieillard qui vivait tout seul dans une petite chaumière, où personne n'allait jamais : il était fort pauvre, et ne se souciait pas des biens du monde. Quand il entendit japper Frétillon, il fut tout étonné ; il crut que quelques voyageurs se seraient égarés, et sortit pour les remettre charitablement dans leur chemin. Tout d'un coup il aperçut la princesse et Frétillon qui flottaient sur la mer ; et la princesse le voyant, lui cria : Bon vieillard, sauvez-moi, car je périrai ici ; il y a deux jours que je languis.

Lorsqu'il l'entendit parler si tristement, il en eut grande pitié, et rentra dans sa maison pour prendre un long crochet. Il s'avança dans l'eau jusqu'au cou, et pensa deux ou trois fois être noyé ; enfin il tira tant, qu'il amena le lit jusqu'au bord de l'eau. Rosette et Frétillon furent bien-aises d'être sur la terre ; elle remercia bien fort le bonhomme, et prit sa couverture, dont elle s'enveloppa ; puis toute nu-pieds elle entra dans la chaumière, où il lui alluma un petit feu de paille sèche, et tira de son coffre le plus bel habit de feu sa femme, avec des bas et des souliers, dont la princesse s'habilla. Ainsi vêtue en paysanne, elle était belle comme le jour.

Le vieillard voyait bien que Rosette était quelque grande dame : car les couvertures de son lit étaient toutes d'or et d'argent, et son matelas de satin. Il la pria de lui conter son histoire, et qu'il n'en dirait mot si elle voulait. Elle lui apprit tout d'un bout à l'autre, pleurant bien fort ; car elle croyait toujours que c'était le roi des paons qui l'avait fait noyer. Comment ferons-nous, ma fille ? lui dit le vieillard. Vous êtes une si grande princesse, accoutumée à manger de bons morceaux, et moi je n'ai que du pain noir et des raves, vous allez faire méchante chère ; et si vous m'en vouliez croire, j'irais dire au roi des paons que vous êtes ici ; certainement s'il vous avait vue il vous épouserait. — Ah ! c'est un méchant, dit Rosette, il me ferait mourir ; mais si vous avez un petit panier, il faut l'attacher au cou de mon chien, et il y aura bien du malheur s'il ne rapporte la provision.

Le vieillard donna un panier à la princesse, elle l'attacha au cou de Frétillon, et lui dit : Va-t'en au meilleur pot de la ville, et me rapporte ce qu'il y a dedans. Frétillon court à la ville ; comme il n'y avait point de meilleur pot que celui du roi, il entre dans sa cuisine, il découvre le pot, prend adroitement tout ce qui était dedans, et revient à la maison. Rosette lui dit : Retourne à l'office, et prends ce qu'il y aura de meilleur. Frétillon retourne à l'office, et prend du pain blanc, du vin muscat, toutes sortes de fruits et de confitures : il était si chargé, qu'il n'en pouvait plus.

Quand le roi des paons voulut dîner, il n'y avait rien dans son pot ni dans son office ; chacun se regardait, et le roi était dans une colère horrible. Eh bien, dit-il, je ne dînerai point ; mais que ce soir on mette la broche au feu, et que j'aie de bons rôts. Le soir étant venu, la princesse dit à Frétillon : Va-t'en à la ville, entre dans la meilleure cuisine, et m'apporte de bons rôts. Frétillon fit comme sa maîtresse lui avait commandé ; et ne sachant point de meilleure cuisine que celle du roi, il y entra tout doucement, pendant que les cuisiniers avaient le dos tourné ; il prit tout le rôt qui était à la broche, d'une mine excellente, et à voir seulement, faisait appétit. Il rapporta son panier plein à la princesse ; elle le renvoya aussitôt à l'office, et il apporta toutes les compotes et toutes les dragées du roi.

Le roi, qui n'avait pas dîné, ayant grand faim, voulut souper de bonne heure, mais il n'y avait rien ; il se mit dans une colère effroyable, et s'alla coucher sans souper. Le lendemain au dîner et au souper, il en arriva tout autant ; de sorte que le roi resta trois jours sans boire ni manger, parce que, quand il allait se mettre à table, l'on trouvait que tout était pris. Son confident, fort en peine, craignant la mort du roi, se cacha dans un petit coin de la cuisine, et il avait toujours les yeux sur le pot qui bouillait. Il fut bien étonné de voir entrer tout doucement un petit chien vert, qui n'avait qu'une oreille, qui découvrait le pot, et mettait la viande dans son panier. Il le suivit, pour savoir où il irait ; il le vit sortir de la ville. Le suivant toujours, il fut chez le bon vieillard. Il revint en diligence tout conter au roi.

Le roi demeura bien étonné : il dit qu'on l'allât querir. Le confident, pour faire sa cour, y voulut aller lui-même, et mena des archers ; ils le trouvèrent qui dînait avec la princesse, et qu'ils mangeaient le bouilli du roi. Il les fit prendre, et lier de grosses cordes, et Frétillon aussi.

Quand ils furent arrivés, on l'alla dire au roi, qui répondit : C'est demain qu'expire le septième jour que j'ai accordé à ces affronteurs ; je les ferai mourir avec les voleurs de mon dîner. Puis il entra dans sa salle de justice. Le vieillard se mit à genoux, et dit qu'il allait lui conter tout. Pendant qu'il parlait, le roi regardait la belle princesse, et il avait pitié de la voir pleurer ; puis quand le bonhomme eut déclaré que c'était elle qui se nommait la princesse Rosette, qu'on avait jetée dans la mer, malgré la faiblesse où il était d'avoir été si longtemps sans manger, il fit trois sauts tout de suite, et courut l'embrasser, et lui détacher les cordes dont elle était liée, lui disant qu'il l'aimait de tout son cœur.

On fut en même temps querir les princes, qui croyaient que c'était pour les faire mourir, et qui venaient fort tristes, baissant la tête : l'on alla de même querir la nourrice et sa fille. Quand ils se virent, ils se reconnurent tous ; Rosette sauta au cou de ses frères : la nourrice et sa fille avec le batelier se jetèrent à genoux, et demandèrent grâce. La joie était si grande, que le roi leur pardonna, et le bon vieillard fut récompensé largement. Il demeura toujours dans le palais.

Enfin le roi des paons fit toutes sortes de satisfactions au roi et à son frère, témoignant sa douleur de les avoir maltraités. La nourrice rendit à Rosette ses beaux habits et son boisseau d'écus d'or ; et la noce dura quinze jours. Tout fut content, jusqu'à Frétillon, qui ne mangeait plus que des ailes de perdrix.

Le ciel veille pour nous; et lorsque l'innocence
Se trouve en un pressant danger,
Il sait embrasser sa défense,
La délivrer et la venger.
A voir la timide Rosette
Ainsi qu'un alcyon, dans son petit berceau,
Au gré des vents voguer sur l'eau,
On sent en sa faveur une pitié secrète;
On craint qu'elle ne trouve une tragique fin
Au milieu des flots abîmée,
Et qu'elle n'aille faire un fort léger festin
A quelque baleine affamée.
Sans le secours du ciel, sans doute elle eût péri.
Frétillon sut jouer son rôle
Contre la morue et la sole,
Et quand il s'agissait aussi
De nourrir sa chère maîtresse.
Il en est bien dans ce temps-ci
Qui voudraient rencontrer des chiens de cette espèce.
Rosette échappée au naufrage,
Aux auteurs de ses maux accorde le pardon.
O vous à qui l'on fait outrage,
Qui voulez en tirer raison,
Apprenez qu'il est beau de pardonner l'offense
Après que l'on a su vaincre ses ennemis,
Et qu'on en peut tirer une juste vengeance:
C'est ce que notre siècle admire dans Louis.

L'OISEAU BLEU.

L'OISEAU BLEU.

Il était une fois un roi fort riche en terres et en argent; sa femme mourut, il en fut inconsolable. Il s'enferma huit jours entiers dans un petit cabinet, où il se cassait la tête contre les murs, tant il était affligé. Tous les sujets résolurent entr'eux de l'aller voir, et de lui dire ce qu'ils pourraient de plus propre à soulager sa tristesse. Les uns préparaient des discours graves et sérieux, d'autres d'agréables, et même de réjouissants; mais cela ne faisait aucune impression sur son esprit, à peine entendait-il ce qu'on lui disait. Enfin il se présenta devant lui une femme si couverte de crêpes noirs, de voiles, de mantes, de longs habits de deuil, et qui pleurait et sanglotait si fort et si haut, qu'il en demeura surpris. Elle lui dit qu'elle n'entreprenait point comme les autres de diminuer sa douleur, qu'elle venait pour l'augmenter, parce que rien n'était plus juste que de pleurer une bonne femme; que pour elle, qui avait eu le meilleur de tous les maris, elle faisait bien son compte de pleurer tant qu'il lui resterait des yeux à la tête. Là-dessus elle redoubla ses cris, et le roi à son exemple se mit à pleurer.

Il la reçut mieux que les autres ; il l'entretint des belles qualités de sa chère défunte, et elle renchérit sur celles de son cher défunt. Ils causèrent tant et tant, qu'ils ne savaient plus que dire sur leur douleur. Quand la fine veuve vit la matière presque épuisée, elle leva un peu ses voiles, et le roi affligé se récréa la vue à regarder cette pauvre affligée qui tournait et retournait fort à propos deux grands yeux bleus, bordés de longues paupières noires ; son teint était assez fleuri. Le roi la considéra avec beaucoup d'attention ; peu à peu il parla moins de sa femme, puis il n'en parla plus du tout. La veuve disait qu'elle voulait toujours pleurer son mari, le roi la pria de ne point immortaliser son chagrin. Pour conlusion, l'on fut tout étonné qu'il l'épousât, et que le noir se changeât en vert et en couleur de rose.

Le roi n'avait eu qu'une fille de son premier mariage, qui passait pour la huitième merveille du monde ; on la nommait Florine, parce qu'elle ressemblait à Flore, tant elle était fraîche, jeune et belle. Elle n'avait que quinze ans lorsque le roi se remaria.

La nouvelle reine envoya querir sa fille qui avait été nourrie chez sa marraine la fée Soussio ; mais elle n'en était ni plus gracieuse, ni plus belle : Soussio y avait voulu travailler et n'avait rien gagné ; elle ne laissait pas de l'aimer chèrement : on l'appelait Truitonne, car son visage avait autant de taches de rousseur qu'une truite ; ses cheveux noirs étaient si gras et si crasseux que l'on n'y pouvait toucher, et sa peau jaune distillait de l'huile. La reine ne laissait pas de l'aimer à la folie, elle ne parlait que de la charmante Truitonne; et comme Florine avait toutes sortes d'avantages au-dessus d'elle, la reine s'en désespérait; elle cherchait tous les moyens possibles de la mettre mal auprès du roi. La princesse, qui était douce et spirituelle, tâchait de se mettre au-dessus de ce mauvais procédé.

Le roi dit un jour à la reine, que Florine et Truitonne étaient assez grandes pour être mariées, et que le premier prince qui viendrait à la cour, il fallait faire en sorte de lui en donner une des deux. Je prétends, répliqua la reine, que ma fille soit la première établie ; elle est plus âgée que la vôtre, et comme elle est mille fois plus aimable, il n'y a pas à balancer là-dessus. Le roi lui dit qu'il le voulait bien et qu'il l'en laissait la maîtresse.

Après quelque temps l'on apprit que le roi Charmant

devait arriver. Jamais prince n'a porté plus loin la magnificence : son esprit et sa personne n'avaient rien qui ne répondît à son nom. Quand la reine sut ces nouvelles, elle employa tous les brodeurs, tous les tailleurs et tous les ouvriers à faire des ajustements à Truitonne : elle pria le roi que Florine n'eût rien de neuf; et ayant gagné ses femmes, elle lui fit voler tous ses habits, toutes ses coiffures et toutes ses pierreries le jour même que Charmant arriva ; de sorte que, lorsqu'elle se voulut parer, elle ne trouva pas un ruban. Elle demeura donc avec une petite robe fort crasseuse, et sa honte était si grande, qu'elle se mit dans le coin de la salle lorsque le roi Charmant arriva.

La reine le reçut avec de grandes cérémonies ; elle lui présenta sa fille plus brillante que le soleil, et plus laide par toutes ses parures, qu'elle ne l'était ordinairement. Le roi en détourna les yeux; la reine voulait se persuader qu'elle lui plaisait trop et qu'il craignait de s'engager ; de sorte qu'elle la faisait toujours mettre devant lui. Il demanda s'il n'y avait pas encore une autre princesse appelée Florine. Oui, dit Truitonne, en la montrant avec le doigt; la voilà qui se cache, tant elle est malpropre en guenilles. Mais Florine rougit, et devint si belle, si belle, que le roi Charmant demeura comme un hommme ébloui. Il se leva promptement et fit une profonde révérence à la princesse : Madame, lui dit-il, votre incomparable beauté vous pare trop pour que vous ayez besoin d'aucun secours étranger. — Seigneur, répliqua-t-elle, je vous avoue que je suis peu accoutumée à porter un habit aussi malpropre que l'est celui-ci; et vous m'auriez fait plaisir de ne vous pas apercevoir de moi. — Il serait impossible, s'écria Charmant, qu'une si merveilleuse princesse pût être en quelque lieu, et que l'on eût des yeux pour d'autres que pour elle.— Ah ! dit la reine irritée, je passe bien mon temps à vous entendre; croyez-moi, seigneur, Florine est déjà assez coquette, elle n'a pas besoin qu'on lui dise tant de galanteries. Le roi Charmant démêla aussitôt les motifs qui faisaient ainsi parler la reine; mais comme il n'était pas de condition à se contraindre, il laissa paraître toute son admiration pour Florine, et l'entretint trois heures de suite.

La reine, au désespoir, et Truitonne inconsolable de n'avoir pas la préférence sur la princesse, firent de grandes plaintes au roi, et l'obligèrent de consentir que, pendant le séjour du roi Charmant, l'on enfermerait Florine dans une tour, où ils ne se verraient point. En effet, aussitôt qu'elle fut retournée dans sa chambre, quatre hommes masqués la portèrent au haut de la tour, et l'y laissèrent dans la dernière désolation; car elle vit bien que l'on n'en usait ainsi que pour l'empêcher de plaire au roi, qui lui plaisait déjà fort, et qu'elle aurait bien voulu pour époux.

Comme il ne savait pas les violences que l'on venait de faire à la princesse, il attendait l'heure de la revoir avec impatience; il voulut parler d'elle à ceux que le roi avait mis auprès de lui pour lui faire plus d'honneur; mais par l'ordre de la reine, ils lui en dirent tout le mal qu'ils purent; qu'elle était coquette, inégale, de méchante humeur, qu'elle tourmentait ses amis et ses domestiques; qu'on ne pouvait être plus malpropre, et qu'elle poussait si loin l'avarice, qu'elle aimait mieux être habillée comme une petite bergère, que d'acheter de riches étoffes de l'argent que lui donnait le roi son père. A tout ce détail, Charmant souffrait, et se sentait des mouvements de colère qu'il avait bien de la peine à modérer. Non, disait-il en lui-même, il est impossible que le ciel ait mis une âme si mal faite dans le chef-d'œuvre de la nature : je conviens qu'elle n'était pas proprement mise quand je l'ai vue ; mais la honte qu'elle en avait, prouve assez qu'elle n'est point accoutumée à se voir ainsi.

Pendant ce temps la princesse était couchée par terre dans le donjon de cette terrible tour, où les hommes masqués l'avaient emportée. Je serais moins à plaindre, disait-elle, si l'on m'avait mise ici avant que j'eusse vu cet aimable roi : l'idée que j'en conserve ne peut servir qu'à augmenter mes peines. Je ne dois pas douter que c'est pour m'empêcher de le voir davantage, que la reine me traite si cruellement. Elle pleurait ensuite si amèrement, que sa propre ennemie en aurait eu pitié, si elle avait été témoin de ses douleurs.

Lorsque Charmant put aller chez le roi et la reine, il se rendit dans leur appartement : il espérait que Florine y serait ; il regardait de tous côtés pour la voir. Dès qu'il entendait entrer quelqu'un dans la chambre, il tournait la tête brusquement vers la porte ; il paraissait inquiet et chagrin. La malicieuse reine devinait assez ce qui se passait dans son âme, mais elle n'en faisait pas semblant. Elle ne lui parlait que de parties de plaisir ; il lui répondait tout de travers ; enfin il demanda où était la princesse Florine. Seigneur, lui dit fièrement la reine, le roi, son père, a défendu qu'elle sorte de chez elle, jusqu'à ce que ma fille soit mariée. — Et quelle raison, répliqua le roi, peut-on avoir de tenir cette belle personne prisonnière? — Je l'ignore, dit la reine ; et quand je le saurais, je pourrais me dispenser de vous le dire. Le roi quitta promptement la reine : sa présence lui causait trop de peine.

Quand il fut revenu dans sa chambre, il dit à un jeune prince qui l'avait accompagné, et qu'il aimait fort, de donner tout ce qu'on voudrait pour gagner quelqu'une des femmes de la princesse, afin qu'il pût lui parler un moment. Ce prince trouva aisément des dames du palais qui entrèrent dans la confidence ; il y en eut une qui l'assura que le soir même Florine serait à une petite fenêtre basse qui répondait sur le jardin, et que par là elle pourrait lui parler. Le prince, ravi d'avoir amené l'affaire jusque-là, courut faire sa cour au roi, en lui annonçant l'heure du rendez-vous. Mais la mauvaise confidente ne manqua pas d'aller avertir la reine de ce qui se passait, et de prendre ses ordres. Aussitôt elle pensa qu'il fallait envoyer sa fille à la petite fenêtre : elle l'instruisit bien ; et Truitonne ne manqua rien, quoiqu'elle fût naturellement bête.

La nuit était si noire, qu'il aurait été impossible au roi de s'apercevoir de la tromperie qu'on lui faisait, de sorte qu'il s'approcha de la fenêtre avec des transports de joie inexprimables : il dit à Truitonne tout ce qu'il aurait dit à Florine, pour la persuader de sa passion. Truitonne, profitant de la conjoncture, lui dit qu'elle se trouvait la plus malheureuse personne du monde d'avoir une belle-mère si cruelle, et qu'elle aurait toujours à souffrir jusqu'à ce que sa fille fût mariée. Le roi l'assura que si elle le voulait pour son époux, il serait ravi de partager avec elle sa couronne et son cœur. Là-dessus il tira sa bague de son doigt, et la mettant à celui de Truitonne, il ajouta que c'était un gage éternel de sa foi, et qu'elle n'avait qu'à prendre l'heure pour partir en diligence.

La reine ayant su l'heureux succès de cette entrevue, elle s'en promit tout. En effet, le jour étant concerté, le roi vint la prendre dans une chaise volante, traînée par des grenouilles ailées. Un enchanteur de ses amis lui avait fait ce présent. La nuit était fort noire ; Truitonne sortit mystérieusement par une petite porte, et le roi qui l'attendait la reçut entre ses bras, et lui jura cent fois une fidélité éternelle. Mais comme il n'était pas d'humeur à voler longtemps dans sa chaise volante, sans épouser la princesse qu'il aimait, il lui demanda où elle voulait que les noces se fissent. Elle lui dit qu'elle avait pour marraine une fée qu'on nommait Soussio, qui était fort célèbre ; qu'elle était d'avis d'aller à son château. Quoique le roi ne sût pas le chemin, il n'eut qu'à dire à ses grosses grenouilles de l'y conduire ; elles connaissaient la carte générale de l'univers, et en peu de temps elles rendirent le roi et Truitonne chez Soussio.

Le château était si bien éclairé, qu'en arrivant le roi aurait connu son erreur, si la princesse ne s'était soigneusement couverte de son voile. Elle demanda sa marraine ; elle lui parla en particulier, et lui conta comme quoi elle avait attrapé Charmant, et qu'elle la priait de l'apaiser. Ah ! ma fille, dit la fée, la chose ne sera pas facile ; il aime trop Florine, je suis certaine qu'il va nous faire désespérer. Cependant le roi les attendait dans une salle, dont les murs étaient de diamants si clairs et si nets, qu'il vit au travers Soussio et Truitonne causer ensemble. Il croyait rêver. Quoi ! disait-il, ai-je été trahi ? les démons ont-ils apporté cette ennemie de notre repos ? Vient-elle pour troubler mon mariage ? Ma chère Florine ne paraît point ! son père l'a peut-être suivie. Il pensait mille choses qui commençaient à le désoler. Mais ce fut bien pis quand elles entrèrent dans la salle, et que Soussio lui dit d'un ton absolu : Roi Charmant, voici la princesse Truitonne à laquelle vous avez donné votre foi ; elle est ma filleule, et je souhaite que vous l'épousiez tout-à-l'heure. — Moi, s'écria-t-il, moi, j'épouserais ce petit monstre ! Vous me croyez d'un naturel bien docile, quand vous me faites de telles propositions : sachez que je ne lui ai rien promis : si elle dit autrement, elle en a.... — N'achevez pas, interrompit Soussio, et ne soyez jamais assez hardi pour me manquer de respect. — Je consens, répliqua le roi, de vous respecter autant qu'une fée est respectable, pourvu que vous me rendiez ma princesse. — Est-ce que je ne la suis pas, parjure? dit Truitonne en lui montrant sa bague. A qui as-tu donné cet anneau pour gage de ta foi? A qui as-tu parlé à la petite fenêtre, si ce n'est à moi? — Comment donc, reprit-il, j'ai été déçu et trompé? Non, non, je n'en serai point la dupe. Allons, allons, mes grenouilles, mes grenouilles, je veux partir tout à l'heure.

Oh! ce n'est pas une chose en votre pouvoir, si je n'y consens, dit Soussio : elle le toucha, et ses pieds s'attachèrent au parquet, comme si on les y avait cloués. Quand vous me lapideriez, lui dit le roi, quand vous m'écorcheriez, je ne serai point à une autre qu'à Florine; j'y suis résolu, et vous pouvez après cela user de votre pouvoir à votre gré. Soussio employa la douceur, les menaces, les promesses, les prières. Truitonne pleura, cria, gémit, se fâcha, s'apaisa. Le roi ne disait pas un mot, et les regardant toutes deux avec l'air du monde le plus indigné, il ne répondait rien à tous leurs verbiages.

Il se passa ainsi vingt jours et vingt nuits, sans qu'elles cessassent de parler, sans manger, sans dormir et sans s'asseoir. Enfin Soussio, à bout et fatiguée, dit au roi : Hé bien, vous êtes un opiniâtre, qui ne voulez pas entendre raison; choisissez, ou d'être sept ans en pénitence, pour avoir donné votre parole sans la tenir, ou d'épouser ma filleule. Le roi, qui avait gardé un profond silence, s'écria tout d'un coup : Faites de moi tout ce que vous voudrez, pourvu que je sois délivré de cette maussade. — Maussade vous-même, dit Truitonne en colère; je vous trouve un plaisant roitelet, avec votre équipage marécageux, de venir jusqu'en mon pays me dire des injures, et manquer à votre parole. — Voilà des reproches touchants, dit le roi d'un ton railleur. Voyez-vous qu'on a tort de ne pas prendre une si belle personne pour sa femme? — Non, non, elle ne la sera pas, s'écria Soussio en colère, tu n'as

qu'à t'envoler par cette fenêtre, si tu veux, car tu seras sept ans Oiseau Bleu.

En même temps le roi change de figure; ses bras se couvrent de plumes et forment des ailes; ses jambes et ses pieds deviennent noirs et menus; il lui croît des ongles crochus, son corps se rapetisse; il est tout garni de longues plumes fines et mêlées de bleu céleste; ses yeux s'arrondissent, et brillent comme des soleils; son nez n'est plus qu'un bec d'ivoire : il s'élève sur sa tête une aigrette blanche qui forme une couronne, il chante à ravir et parle de même. En cet état il jette un cri douloureux de se voir ainsi métamorphosé, et s'envole à tire d'aile, pour fuir le funeste palais de Soussio.

Dans la mélancolie qui l'accable, il voltige de branche en branche, et ne choisit que les arbres consacrés à l'amour ou à la tristesse, tantôt sur les myrtes, tantôt sur les cyprès; il chante des airs pitoyables, où il déplore sa méchante fortune et celle de Florine. En quel lieu ses ennemis l'ont-ils cachée? disait-il. Qu'est devenue cette belle victime? La barbarie de la reine la laisse-t-elle encore respirer? Où la chercherai-je? Suis-je condamné à passer sept ans sans elle? Peut-être que pendant ce temps on la mariera, et que je perdrai pour jamais l'espérance qui soutient ma vie. Ces différentes pensées affligeaient l'Oiseau Bleu à tel point, qu'il voulait se laisser mourir.

D'un autre côté, la fée Soussio renvoya Truitonne à la reine, qui était bien inquiète comment les noces se seraient passées. Mais quand elle vit sa fille, et qu'elle lui raconta tout ce qui venait d'arriver, elle se mit dans une colère terrible, dont le contre-coup retomba sur la pauvre Florine. Il faut, dit-elle, qu'elle se repente plus d'une fois d'avoir su plaire à Charmant. Elle monta dans la tour avec Truitonne, qu'elle avait parée de ses plus riches habits : elle portait une couronne de diamants sur sa tête, et trois filles des plus riches barons de l'État tenaient la queue de son manteau royal; elle avait au pouce l'anneau du roi Charmant, que Florine remarqua le jour qu'ils parlèrent ensemble : elle fut étrangement surprise de voir Truitonne dans un si pompeux appareil. Voilà ma fille qui vient vous apporter des présents de sa noce, dit la reine; le roi Charmant l'a épousée; il l'aime à la folie; il n'a jamais été des gens plus satisfaits. Aussitôt on étale devant la princesse des étoffes d'or et d'argent, des pierreries, des dentelles, des rubans, qui étaient dans de grandes corbeilles de filigranes d'or. En lui présentant toutes ces choses, Truitonne ne manquait pas de faire briller l'anneau du roi; de sorte que la princesse Florine ne pouvant plus douter de son malheur, elle s'écria, d'un air désespéré, qu'on ôtât de ses yeux tous ces présents si funestes; qu'elle ne voulait plus porter que du noir, ou plutôt qu'elle voulait présentement mourir. Elle s'évanouit, et la cruelle reine, ravie d'avoir si bien réussi, ne permit pas qu'on la secourût : elle la laissa seule dans le plus déplorable état du monde, et fut conter malicieusement au roi, que sa fille était si transportée de tendresse, que rien n'égalait les extravagances qu'elle faisait; qu'il fallait bien se donner de garde de la laisser sortir de la tour. Le roi lui dit qu'elle pouvait gouverner cette affaire à sa fantaisie, et qu'il en serait toujours satisfait.

Lorsque la princesse revint de son évanouissement, et

qu'elle réfléchit sur la conduite qu'on tenait avec elle, aux mauvais traitements qu'elle recevait de son indigne marâtre, et à l'espérance qu'elle perdait pour jamais d'épouser le roi Charmant, sa douleur devint si vive qu'elle pleura toute la nuit; en cet état elle se mit à sa fenêtre, où elle fit des regrets fort tendres et fort touchants. Quand le jour approcha, elle la ferma, et continua de pleurer.

La nuit suivante elle ouvrit la fenêtre, elle poussa de profonds soupirs et des sanglots; elle versa un torrent de larmes : le jour vint; elle se cacha dans sa chambre. Cependant le roi Charmant, ou pour mieux dire le bel Oiseau Bleu, ne cessait pas de voltiger autour du palais : il jugeait que sa chère princesse y était renfermée; et si elle faisait de tristes plaintes, les siennes ne l'étaient pas moins : il s'approchait des fenêtres le plus qu'il pouvait, pour regarder dans les chambres; mais la crainte que Truitonne ne l'aperçût, et ne se doutât que c'était lui, l'empêchait de faire ce qu'il aurait voulu. Il y va de ma vie, disait-il en lui-même; si ces mauvaises princesses découvraient où je suis, elles voudraient se venger; il faudrait que je m'éloignasse, ou que je fusse exposé aux derniers dangers. Ces raisons l'obligèrent à garder de grandes mesures, et d'ordinaire il ne chantait que la nuit.

Il y avait vis-à-vis de la fenêtre où Florine se mettait, un cyprès d'une hauteur prodigieuse; l'Oiseau Bleu vint s'y percher. Il y fut à peine, qu'il entendit une personne qui se plaignait. Souffrirai-je encore longtemps, disait-elle? La mort ne viendra-t-elle point à mon secours? Ceux qui la craignent ne la voient que trop tôt ; je la désire, et la cruelle me fuit. Ah ! reine cruelle, que t'ai-je fait pour me retenir dans une captivité si affreuse ?

L'Oiseau Bleu n'avait pas perdu un mot de cette plainte.

L'Oiseau curieux ne manqua pas de revenir la nuit suivante ; il faisait clair de lune ; il vint une fille à la fenêtre de la tour qui commençait ses regrets. L'Oiseau Bleu écoutait, et plus il écoutait, plus il se persuadait que c'était son aimable princesse qui se plaignait. Il lui dit : Florine, pourquoi voulez-vous finir si promptement vos jours ? — Eh ! qui me parle, s'écria-t-elle, d'une manière si consolante ? — Un roi malheureux, reprit l'Oiseau, qui n'aimera jamais que vous. En achevant ces mots, il vola sur la fenêtre. Florine eut d'abord grande peur d'un oiseau si extraordinaire, qui parlait avec autant d'esprit que s'il avait été homme ; mais la beauté de son plumage et ce qu'il lui dit la rassura. Et qui êtes-vous, charmant oiseau ? dit la princesse en le caressant. — Vous avez dit mon nom, ajouta le roi, et vous feignez de ne me pas connaître. — Quoi ! le roi Charmant, dit la princesse, serait le bel oiseau que je tiens ? — Hélas ! belle Florine, il n'est que trop vrai, reprit-il ; et si quelque chose m'en peut consoler, c'est que j'ai préféré cette peine à celle de renoncer à la passion que j'ai pour vous. — Pour moi ? dit Florine. Ah ! ne cherchez point à me tromper ! Je sais, je sais que vous avez épousé Truitonne ; j'ai reconnu votre anneau à son doigt ; je l'ai vue toute brillante des diamants que vous lui avez donnés : elle est venue m'insulter dans ma triste prison, chargée d'une riche couronne et d'un manteau royal qu'elle tenait de votre main, pendant que j'étais chargée de chaînes et de fers. — Vous avez vu Truitonne en cet équipage, interrompit le roi; sa mère et elle ont osé vous dire que ces joyaux venaient de moi? Sachez qu'abusant de votre nom, elles m'ont engagé d'enlever cette laide Truitonne; mais aussitôt que je connus mon erreur, je voulus l'abandonner, et je choisis enfin d'être Oiseau Bleu sept ans de suite, plutôt que de manquer à la fidélité que je vous ai vouée.

Florine avait un plaisir si sensible d'entendre parler l'Oiseau Bleu, qu'elle ne se souvenait plus des malheurs de sa prison. Le jour paraissait, la plupart des officiers étaient déjà levés, que l'Oiseau Bleu et la princesse parlaient encore ensemble : ils se séparèrent avec mille peines, après s'être promis que toutes les nuits ils s'entretiendraient ainsi.

Le lendemain l'Oiseau Bleu retourna dans son royaume; il fut à son palais; il entra dans son cabinet par une vitre brisée, et il en apporta les plus riches bracelets que l'on eût encore vus.

La nuit suivante, l'Oiseau ne manqua pas d'apporter à sa belle une montre d'une grandeur raisonnable, qui était dans une perle : l'excellence du travail surpassait celle de la matière.

Dès que le jour paraissait, l'oiseau volait dans le fond de son arbre, où des fruits lui servaient de nourriture; quelquefois encore il chantait de beaux airs, sa voix ravissait les passants : ils l'entendaient et ne voyaient personne; de là on pensait que c'étaient des esprits. Cette opinion devint si commune, que l'on n'osait entrer dans le bois : on rapportait mille aventures fabuleuses qui s'y étaient passées; et la terreur générale fit la sûreté particulière de l'Oiseau Bleu.

Il ne se passait aucun jour sans qu'il fît un présent à Florine; tantôt un collier de perles, ou des bagues des plus brillantes et des mieux mises en œuvre, des attaches de diamants, des poinçons, des bouquets de pierreries qui imitaient la couleur des fleurs, des livres agréables, des médailles; enfin, elle avait un amas de richesses merveilleuses : elle ne s'en parait jamais que la nuit pour plaire au roi.

Deux années s'écoulèrent ainsi sans que Florine se plaignît de sa captivité. Cependant la malicieuse reine, qui la retenait si cruellement en prison, faisait d'inutiles efforts pour marier Truitonne; elle envoyait des ambassadeurs la proposer à tous les princes dont elle connaissait le nom : dès qu'ils arrivaient, on les congédiait brusquement. S'il s'agissait de la princesse Florine, vous seriez reçus avec joie, leur disait-on; mais pour Truitonne, elle peut rester fille sans que personne s'y oppose. A ces nouvelles, sa mère et elle s'emportaient de colère contre l'innocente princesse qu'elles persécutaient. Quoi! malgré sa captivité, cette arrogante nous traversera toujours? disaient-elles. Quel moyen de lui pardonner les mauvais tours qu'elle nous fait? Il faut qu'elle ait des correspondances secrètes dans les pays étrangers : c'est tout au moins une criminelle d'État; traitons-la sur ce pied, et cherchons tous les moyens possibles de lui nuire.

Elles finirent leur conseil si tard, qu'il était plus de minuit lorsqu'elles résolurent de monter dans la tour pour l'interroger.

Elle était avec l'aimable Oiseau Bleu à la fenêtre, parée de ses pierreries, coiffée de ses beaux cheveux, avec un soin qui n'est pas naturel aux personnes affligées : sa chambre et son lit étaient jonchés de fleurs, et quelques pastilles d'Espagne qu'elle venait de brûler, répandaient une odeur excellente. La reine écouta à la porte : elle crut entendre chanter un air à deux parties; car Florine avait une voix presque céleste. En voici les paroles, qui lui parurent tendres :

> Que notre sort est déplorable,
> Et que nous souffrons de tourments
> Pour nous aimer trop constamment !
> Mais c'est en vain qu'on nous accable;
> Malgré nos cruels ennemis,
> Nos cœurs seront toujours unis.

Quelques soupirs finirent leur petit concert.

Ah! ma Truitonne, nous sommes trahies, s'écria la reine en ouvrant brusquement la porte, et se jetant dans la chambre.

Que devint Florine à cette vue? Elle poussa promptement sa petite fenêtre, pour donner le temps à l'Oiseau royal de s'envoler. Elle était bien plus occupée de sa conservation que de la sienne propre; mais il ne se sentit pas la force de s'éloigner, malgré le danger qu'il

L'OISEAU BLEU.

courait d'être pris et mis en cage : ses yeux perçants lui

avaient découvert le péril où sa princesse était exposée. Il avait vu la reine et Truitonne : quelle affliction de n'être pas en état de défendre sa maîtresse ! Elles s'approchèrent d'elle comme des furies qui voulaient la dérober. L'on sait vos intrigues contre l'État, s'écria la reine ; ne pensez pas que votre rang vous sauve des châtiments que vous méritez. — Et avec qui, madame ? répliqua la princesse. N'êtes-vous pas ma geôlière depuis deux ans ? Ai-je vu d'autres personnes que celles que vous m'avez envoyées ? Pendant qu'elle parlait, la reine et sa fille l'examinaient avec une surprise sans pareille : son admirable beauté et son extraordinaire parure les éblouissaient. Et d'où vous vient, madame, dit la reine, ces pierreries qui brillent plus que le soleil ? Nous ferez-vous accroire qu'il y en a des mines dans cette tour ! — Je les y ai trouvées, répliqua Florine ; c'est tout ce que j'en sais. La reine la regardait attentivement pour pénétrer jusqu'au fond de son cœur ce qui s'y passait. Nous ne sommes pas vos dupes, dit-elle, vous pensez nous en faire accroire; mais, princesse, nous savons ce que vous faites depuis le matin jusqu'au soir. On vous a donné tous ces bijoux dans la seule vue de vous obliger à vendre le royaume de votre père. — Je serais fort en état de le livrer, répondit-elle avec un sourire dédaigneux; une princesse infortunée, qui languit dans les fers depuis si longtemps, peut beaucoup dans un complot de cette nature. — Et pour qui donc, reprit la reine, êtes-vous coiffée comme une petite coquette, votre chambre pleine d'odeurs, et votre personne si magnifique, qu'au milieu de la cour vous seriez moins parée? — J'ai assez de loisir, dit la princesse, il n'est pas extraordinaire que j'en donne quelques moments à m'habiller : j'en passe tant d'autres à pleurer mes malheurs, que ceux-là ne sont pas à me reprocher. — Allons, voyons, dit la reine, si cette innocente personne n'a point quelque traité fait avec les ennemis. Elle chercha elle-même partout; et venant à la paillasse, qu'elle fit vider, elle y trouva une si grande quantité de diamants, de perles, de rubis, d'émeraudes et de topazes, qu'elle ne savait d'où cela venait. Elle avait résolu de mettre en quelque lieu des papiers pour perdre la princesse : dans le temps qu'on n'y prenait pas garde, elle en cacha dans la cheminée; mais par bonheur l'Oiseau Bleu était perché au-dessus, qui voyait mieux qu'un lynx, et qui écoutait tout; il s'écria : Prends garde à toi, Florine, voilà ton ennemie qui veut te faire une trahison. Cette voix si peu attendue épouvanta à tel point la reine, qu'elle n'osa faire ce qu'elle avait médité. Vous voyez, madame, dit la princesse, que les esprits qui volent en l'air me sont favorables. — Je crois, dit la reine outrée de colère, que les démons s'intéressent pour vous; mais, malgré eux, votre père saura se faire justice. — Plût au ciel, s'écria Florine, n'avoir à craindre que la fureur de mon père! mais la vôtre, madame, est plus terrible.

La reine la quitta, troublée de tout ce qu'elle venait de voir et d'entendre; elle tint conseil sur ce qu'elle devait faire contre la princesse. On lui dit que si quelque fée ou quelque enchanteur la prenaient sous leur protection, ce serait les irriter que de lui faire de nouvelles peines, et qu'il serait mieux d'essayer de découvrir son intrigue. La reine approuva cette pensée; elle envoya coucher dans sa chambre une jeune fille qui contrefaisait l'innocente : elle eut ordre de lui dire qu'on la mettait auprès d'elle pour la servir. Mais quelle apparence de donner dans un panneau si grossier? La princesse la regarda comme une espionne : l'on n'en peut ressentir une douleur plus violente. Quoi! je ne parlerai plus à cet Oiseau qui m'est si cher? disait-elle. Il m'aidait à supporter mes malheurs, je soulageais les siens, notre tendresse nous suffisait. Que va-t-il faire? Que ferai-je moi-même? En pensant à toutes ces choses, elle versait des ruisseaux de larmes.

Elle n'osait plus se mettre à la petite fenêtre, quoiqu'elle l'entendît voltiger autour. Elle mourait d'envie de lui ouvrir; mais elle craignait d'exposer la vie de ce cher oiseau.

Elle passa un mois entier sans paraître; l'Oiseau Bleu se désespérait. Quelles plaintes ne faisait-il pas? Il n'avait jamais mieux ressenti les maux de l'absence et ceux de sa métamorphose : il cherchait inutilement des remèdes à l'un et à l'autre : après s'être creusé la tête, il ne trouvait rien qui le soulageât.

L'espionne de la princesse, qui veillait jour et nuit depuis un mois, se sentit si accablée de sommeil, qu'enfin elle s'endormit profondément. Florine s'en aperçut; elle ouvrit sa petite fenêtre et dit :

> Oiseau Bleu, couleur du temps,
> Vole à moi promptement.

Ce sont là ses propres paroles, auxquelles l'on n'a voulu rien changer. L'Oiseau les entendit si bien, qu'il vint promptement sur la fenêtre. Quelle joie de se revoir! Qu'ils avaient de choses à se dire! Les amitiés et les protestations de fidélité se renouvelèrent mille et mille fois : la princesse n'ayant pu s'empêcher de répandre des larmes, l'Oiseau Bleu la consola de son mieux. Enfin l'heure de se quitter étant venue, sans que la geôlière se fût réveillée, ils se dirent l'adieu le plus touchant. Le lendemain encore l'espionne s'endormit; la princesse diligemment se mit à la fenêtre, puis elle dit comme la première fois :

> Oiseau Bleu, couleur du temps,
> Vole à moi promptement.

Aussitôt l'Oiseau vint, et la nuit se passa comme l'autre, sans bruit et sans éclat : ils se flattaient que la surveillante prendrait tant de plaisir à dormir, qu'elle en ferait autant toutes les nuits. Effectivement la troisième se passa encore très heureusement; mais pour celle qui suivit, la dormeuse ayant entendu quelque bruit, elle écouta sans faire semblant de rien; puis elle regarda, et vit au clair de la lune le plus bel Oiseau de l'univers qui parlait à la princesse, qui la caressait avec sa patte, qui la becquetait doucement; enfin elle entendit plusieurs choses de leur conversation, et demeura très étonnée, car l'Oiseau parlait comme un homme, et la belle Florine lui répondait avec tendresse.

Le jour parut, ils se dirent adieu; et comme s'ils eussent eu un pressentiment de leur prochaine disgrâce, ils se quittèrent avec une peine extrême : la princesse se jeta sur son lit toute baignée de ses larmes, et le roi retourna dans le creux de son arbre. Sa geôlière courut chez la reine; elle lui apprit tout ce qu'elle avait vu et entendu. La reine envoya querir Truitonne et ses confidentes; elles raisonnèrent longtemps ensemble, et conclurent que l'Oiseau Bleu était le roi Charmant! Quel affront! s'écria la reine. Quel affront, ma Truitonne! Cette insolente princesse, que je croyais si affligée, jouissait en repos des agréables conversations de notre ingrat! Ah! je me vengerai d'une manière si sanglante, qu'il en sera parlé. Truitonne la pria de n'y perdre pas un moment.

La reine renvoya l'espionne dans la tour; elle lui ordonna de ne témoigner ni soupçon ni curiosité, et de paraître plus endormie qu'à l'ordinaire. Elle se coucha de bonne heure, elle ronfla de son mieux; et la pauvre princesse déçue ouvrant la fenêtre, s'écria :

<blockquote>
Oiseau Bleu, couleur du temps,
Vole à moi promptement.
</blockquote>

Mais elle l'appela toute la nuit inutilement, il ne parut point; car la méchante reine avait fait attacher aux cyprès des épées, des couteaux, des rasoirs, des poignards; et lorsqu'il vint à tire d'aile s'abattre dessus, ces armes meurtrières lui coupèrent les pieds; il tomba sur d'autres qui lui coupèrent les ailes; et enfin tout percé, il se sauva avec mille peines jusqu'à son arbre, laissant une longue trace de sang.

Que n'étiez-vous là, belle princesse, pour soulager cet Oiseau royal? Mais elle serait morte si elle l'avait vu dans un état si déplorable! Il ne voulait prendre aucun soin de sa vie, persuadé que c'était Florine qui lui avait fait jouer ce mauvais tour. Ces funestes idées l'accablèrent à tel point, qu'il résolut de mourir.

Mais son ami l'enchanteur, qui avait vu revenir chez lui les grenouilles volantes avec le chariot, sans que le roi parût, se mit si en peine de ce qui pouvait lui être arrivé, qu'il parcourut huit fois toute la terre pour le chercher, sans qu'il fût possible de le trouver. Il faisait son neuvième tour, lorsqu'il passa dans le bois où il était, et, selon les règles qu'il s'était prescrites, il sonna du cor assez longtemps, et puis il cria cinq fois de toute sa force : Roi Charmant, roi Charmant, où êtes-vous? Le roi reconnut la voix de son meilleur ami : Approchez, lui dit-il, de cet arbre, et voyez le malheureux roi que vous chérissez noyé dans son sang. L'enchanteur tout surpris regardait de tous côtés sans rien voir : je suis Oiseau Bleu, dit le roi, d'une voix faible et languissante. A ces mots l'enchanteur le trouva sans peine dans son petit nid. Un autre que lui aurait été étonné plus qu'il ne le fut; mais il n'ignorait aucun tour de l'art nécromancien : il ne lui en coûta que quelques paroles pour arrêter le sang qui coulait encore; et avec des herbes qu'il trouva dans le bois, et sur lesquelles il dit deux mots de grimoire, il guérit le roi aussi parfaitement que s'il n'avait pas été blessé.

Le royal Oiseau désespéré pria son ami de le porter chez lui, et de le mettre dans une cage, où il fût à couvert de la patte du chat et de toute arme meurtrière. Mais, lui dit l'enchanteur, resterez-vous encore cinq ans dans un état si déplorable et si peu convenable à vos affaires et à votre dignité? Car enfin, vous avez des ennemis qui soutiennent que vous êtes mort; ils veulent envahir votre royaume : je crains bien que vous ne l'ayez perdu avant d'avoir recouvré votre première forme. — Ne pourrai-je pas, répliqua-t-il, aller dans mon palais, et gouverner tout comme je faisais ordinairement? — Oh! s'écria son ami, la chose est difficile! Tel qui veut obéir à un homme, ne veut pas obéir à un perroquet; tel vous craint étant roi, étant environné de grandeur et de faste, qui vous arrachera toutes les plumes, vous voyant un petit oiseau. — Ah! brillant extérieur! s'écria le roi, encore que tu ne signifies rien pour le mérite et pour la vertu, tu ne laisses pas d'avoir des endroits décevants, dont on ne saurait se défendre! Hé bien, continua-t-il, soyons philosophes, méprisons ce que nous ne pouvons obtenir, notre parti ne sera point le plus mauvais. — Je ne me rends pas sitôt, dit le magicien, j'espère de trouver quelques bons expédients.

Florine, la triste Florine, désespérée de ne plus voir le roi, passait les jours et les nuits à sa fenêtre, répétant sans cesse :

<blockquote>Oiseau Bleu, couleur du temps,
Vole à moi promptement.</blockquote>

La présence de son espionne ne l'en empêchait point; son désespoir était tel, qu'elle ne ménageait plus rien. Qu'êtes-vous devenu, roi Charmant? s'écriait-elle. Nos communs ennemis vous ont-ils fait ressentir les cruels effets de leur rage? Avez-vous été sacrifié à leurs fureurs? Hélas! hélas! n'êtes-vous plus? Ne dois-je plus vous voir? ou, fatigué de mes malheurs, m'avez-vous abandonnée à la dureté de mon sort? La princesse abattue, malade, maigre et changée, pouvait à peine se soutenir; elle était persuadée que tout ce qu'il y a de plus funeste était arrivé au roi.

La reine et Truitonne triomphaient; la vengeance leur faisait plus de plaisir que l'offense ne leur avait fait de peine. Cependant le père de Florine, qui devenait vieux, tomba malade et mourut. La fortune de la méchante reine et de sa fille changea de face : elles étaient regardées comme des favorites qui avaient abusé de leur faveur; le peuple mutiné courut au palais demander la princesse Florine, la reconnaissant pour souveraine. La reine irritée voulut traiter l'affaire avec hauteur; elle parut sur un balcon, et menaça les mutins. En même temps la sédition devint générale : on enfonce les portes de son appartement, on le pille, et on l'assomme à coups de pierres. Truitonne s'enfuit chez sa marraine la fée Soussio; elle ne courait pas moins de danger que sa mère.

Les grands du royaume s'assemblèrent promptement, et montèrent à la tour, où la princesse était fort malade : elle ignorait la mort de son père, et le supplice de son ennemie. Quand elle entendit tant de bruit, elle ne douta pas qu'on ne vînt la prendre pour la faire mourir, elle n'en fut point effrayée : la vie lui était odieuse depuis qu'elle avait perdu l'Oiseau Bleu. Mais ses sujets s'étant jetés à ses pieds, lui apprirent le changement qui venait d'arriver à sa fortune : elle n'en fut point émue. Ils la portèrent dans son palais, et la couronnèrent.

Les soins infinis que l'on prit de sa santé, et l'envie qu'elle avait d'aller chercher l'Oiseau Bleu, contribuèrent beaucoup à la rétablir, et lui donnèrent bientôt assez de force pour nommer un conseil, afin d'avoir soin de son royaume en son absence; ensuite elle se munit d'une grande quantité de pierreries; et partit une nuit toute seule, sans que personne sût où elle allait.

L'enchanteur qui prenait soin des affaires du roi Charmant, n'ayant pas assez de pouvoir pour détruire ce que Soussio avait fait, s'avisa de l'aller trouver, et de lui proposer quelqu'accommodement, en faveur duquel elle rendrait au roi sa figure naturelle; il prit les grenouilles, et vola chez la fée, qui causait dans ce moment avec Truitonne.

D'un enchanteur à une fée il n'y a que la main; ils se connaissaient depuis cinq ou six cents ans, et dans cet espace de temps ils avaient été mille fois bien et mal ensemble. Elle le reçut très agréablement : Que veut mon compère? lui dit-elle (c'est ainsi qu'ils se nomment tous): Y a-t-il quelque chose pour son service qui dépende de moi? — Oui, ma commère, dit le magicien, vous pouvez tout pour ma satisfaction; il s'agit du meilleur de mes amis, d'un roi que vous avez rendu infortuné. — Ha, ha, je vous entends, compère, s'écria Soussio, j'en suis fâchée; mais il n'y a point de grâce à espérer pour lui, s'il ne veut épouser ma filleule; la voilà belle et jolie, comme vous voyez : qu'il se consulte.

L'enchanteur pensa demeurer muet, tant il la trouva laide; cependant il ne pouvait se résoudre à s'en aller sans régler quelque chose avec elle, parce que le roi avait couru mille risques depuis qu'il était en cage. Le clou qui l'accrochait s'était rompu; la cage était tombée, et sa majesté emplumée souffrit beaucoup de cette chute; Minet qui se trouva dans la chambre lorsque cet accident arriva, lui donna un coup de griffe dans l'œil, dont il pensa rester borgne. Une autre fois on avait oublié de lui donner à boire; il manqua d'en avoir la pépie, quand on l'en garantit par quelques gouttes d'eau. Un petit coquin de singe s'étant échappé, attrapa ses plumes au travers des barreaux de la cage, et il l'épargna aussi peu qu'il aurait fait un geai ou un merle. Le pire de tout cela, c'est qu'il était sur le point de perdre son royaume; ses héritiers faisaient tous les jours des fourberies nouvelles pour prouver qu'il était mort. Enfin l'enchanteur conclut avec sa commère Soussio, qu'elle mènerait Truitonne dans le palais du roi Charmant; qu'elle y resterait quelques mois, pendant lesquels il prendrait sa résolution de l'épouser, et qu'elle lui rendrait sa figure; quitte à reprendre celle d'oiseau, s'il ne voulait pas se marier.

La fée donna des habits tout d'or et d'argent à Truitonne; puis elle la fit monter en trousse derrière elle sur un dragon, et elles se rendirent au royaume de Charmant, qui venait d'y arriver avec son fidèle ami l'enchanteur. En trois coups de baguette il se vit le même qu'il avait été, beau, aimable, spirituel et magnifique; mais il achetait bien cher le temps qu'on diminuait de sa pénitence : la seule pensée d'épouser Truitonne le faisait frémir. L'enchanteur lui disait les meilleures raisons qu'il pouvait, elles ne faisaient qu'une médiocre impression sur son esprit; et il était moins occupé de la conduite de son royaume, que des moyens de prolonger le terme que Soussio lui avait donné pour épouser Truitonne.

Cependant la reine Florine déguisée sous un habit de

paysanne, avec ses cheveux épars et mêlés, qui cachaient son visage, commença son voyage seule et à pied. Elle mar-

chait le plus vite possible; mais ne sachant où elle devait tourner ses pas, elle craignait toujours d'aller d'un côté, pendant que son aimable roi serait de l'autre. Un jour qu'elle s'était arrêtée au bord d'une fontaine, dont l'eau argentée bondissait sur de petits cailloux, elle eut envie de se laver les pieds; elle s'assit sur le gazon, elle releva ses blonds cheveux avec un ruban, et mit ses pieds dans le ruisseau: elle ressemblait à Diane qui se baigne au retour d'une chasse. Il passa dans cet endroit une petite vieille toute voûtée, appuyée sur un gros bâton; elle s'arrêta, et lui dit: Que faites-vous là, ma belle fille, vous êtes bien seule? —

Ma bonne mère, dit la reine, je ne laisse pas d'être en grande compagnie; car j'ai avec moi les chagrins, les inquiétudes et les déplaisirs. A ces mots ses yeux se couvrirent de larmes : Quoi! si jeune, vous pleurez, dit la bonne femme. Ah! ma fille, ne vous affligez pas. Dites-moi sincèrement ce qui vous fait de la peine, et je ferai en sorte de vous soulager. La reine le voulut bien ; elle lui conta ses chagrins, la conduite que la fée Soussio avait tenue dans cette affaire, et enfin comme elle cherchait l'Oiseau Bleu.

La petite vieille se redresse, change tout d'un coup de visage, paraît belle, jeune, habillée superbement ; et regardant la reine avec un sourire gracieux : Incomparable Florine, lui dit-elle, le roi que vous cherchez n'est plus oiseau, ma sœur Soussio lui a rendu sa première figure, il est dans son royaume ; ne vous affligez point, vous y arriverez et vous viendrez à bout de votre dessein. Voilà quatre œufs, vous les casserez dans vos pressants besoins, et vous y trouverez des secours qui vous seront utiles. En achevant ces mots elle disparut.

Florine se sentit fort consolée de ce qu'elle venait d'entendre ; elle mit ces œufs dans son sac, et tourna ses pas vers le royaume de Charmant.

Après avoir marché huit jours et huit nuits sans s'arrêter, elle arrive au pied d'une montagne prodigieuse par sa hauteur, toute d'ivoire, et si droite, que l'on n'y pouvait mettre les pieds sans tomber. Elle fit mille tentatives inutiles ; elle glissait, elle se fatiguait, et désespérée d'un obstacle si insurmontable, elle se coucha au pied de la montagne, résolue de s'y laisser mourir, quand elle se souvint des œufs que la fée lui avait donnés. Elle en prit un : Voyons, dit-elle, si elle ne s'est point moquée de moi, en me promettant les secours dont j'aurais besoin. Dès qu'elle l'eut cassé, elle y trouva des petits crampons d'or, qu'elle mit à ses pieds et à ses mains. Quand elle les eut, elle monta la montagne d'ivoire sans aucune peine ; car les crampons entraient dedans, et l'empêchaient de glisser. Lorsqu'elle fut tout au haut, elle eut de nouvelles peines pour descendre ; toute la vallée était d'une seule glace de miroir. Il y avait autour plus de soixante mille femmes qui s'y miraient avec un plaisir extrême ; car ce miroir avait bien deux lieues de large et six de haut : chacune s'y voyait selon ce qu'elle voulait être. La rousse y paraissait blonde, la brune avait les cheveux noirs, la vieille croyait être jeune, la jeune n'y vieillissait point ; enfin tous les défauts y étaient si bien cachés, que l'on y venait des quatre coins du monde. Il y avait de quoi mourir de rire, de voir les grimaces et les minauderies que la plupart de ces coquettes faisaient. Cette circonstance n'y attirait pas moins d'hommes ; le miroir leur plaisait aussi. Il faisait paraître aux uns de beaux cheveux, aux autres la taille plus haute et mieux prise, l'air martial et meilleure mine. Les femmes dont ils se moquaient, ne se moquaient pas moins d'eux ; de sorte que l'on appelait cette montagne de mille noms différents. Personne n'était jamais parvenu jusqu'au sommet ; et quand on y vit Florine, les dames poussèrent de longs cris de désespoir : Où va cette mal avisée, disaient-elles ? Sans doute qu'elle a assez d'esprit pour marcher sur notre glace ; du premier pas elle brisera tout. Elles faisaient un bruit épouvantable.

La reine ne savait comment faire, car elle voyait un grand péril à descendre par-là ; elle cassa un autre œuf, dont il sortit deux pigeons et un chariot, qui devint en même temps assez grand pour s'y placer commodément : puis les pigeons descendirent légèrement avec la reine, sans qu'il lui arrivât rien de fâcheux. Elle leur dit : Mes petits amis, si vous vouliez me conduire jusqu'au lieu où le roi Charmant tient sa cour, vous n'obligeriez point une ingrate. Les pigeons civils et obéissants ne s'arrêtèrent ni jour ni nuit qu'ils ne fussent arrivés aux portes de la ville. Florine descendit, et leur donna à chacun un doux baiser, plus estimable qu'une couronne.

Oh ! que le cœur lui battait en entrant : elle se barbouilla le visage pour n'être point connue. Elle demanda aux passants où elle pouvait voir le roi. Quelques-uns se prirent à rire : Voir le roi ! lui dirent-ils, hé, que lui veux-tu, mamie Souillon ? Va, va te décrasser, tu n'as pas les yeux assez bons pour voir un tel monarque. La reine ne répondit rien ; elle s'éloigna doucement, et demanda encore à ceux qu'elle rencontra, où elle se pourrait mettre pour voir le roi. Il doit venir demain au temple avec la princesse Truitonne, lui dit-on ; car enfin il consent à l'épouser.

Ciel, quelles nouvelles ! Truitonne, l'indigne Truitonne, sur le point d'épouser le roi ! Florine pensa mourir ; elle n'eut plus de force pour parler ni pour marcher : elle se mit sous une porte, assise sur des pierres, bien cachée de ses cheveux et de son chapeau de paille. Infortunée que je suis! disait-elle, je viens ici pour augmenter le triomphe de ma rivale, et me rendre témoin de sa satisfaction! C'était donc à cause d'elle que l'Oiseau Bleu cessa de me venir voir! C'était pour ce petit monstre qu'il faisait la plus cruelle de toutes les infidélités, pendant qu'abîmée dans la douleur, je m'inquiétais pour la conservation de sa vie!

Quand on a beaucoup de chagrin, il est rare d'avoir bon appétit; la reine se logea dans une misérable chaumière, et se coucha sans souper. Elle se leva avec le jour, elle courut au temple : elle n'y entra qu'après avoir essuyé mille rebuffades des gardes et des soldats. Elle vit le trône du roi et celui de Truitonne, qu'on regardait déjà comme la reine. Quelle douleur pour une personne aussi tendre et aussi délicate que Florine! Elle s'approcha du trône de sa rivale; elle se tint debout, appuyée contre un pilier de marbre.

Le roi vint le premier, plus beau et plus aimable qu'il eût été de sa vie. Truitonne parut ensuite richement vêtue, et si laide, qu'elle en faisait peur. Elle regarda la reine en fronçant le sourcil : Qui es-tu, lui dit-elle, pour oser t'approcher de mon excellente figure? — Je me nomme Mie-Souillon, répondit-elle; je viens de loin pour vous vendre des raretés : elle fouilla aussitôt dans son sac, elle en tira les bracelets que le roi Charmant lui avait donnés. — Ho, ho, dit Truitonne, voilà de jolies verreries! en veux-tu une pièce de cinq sous? — Montrez-les, madame, aux connaisseurs, dit la reine, et puis nous ferons notre marché. Truitonne, qui aimait le roi plus tendrement qu'une telle bête n'en était capable, étant ravie de trouver des occasions de lui parler, s'avança jusqu'à son trône, et lui montra les bracelets, le priant de lui en dire son sentiment. A la vue de ces bracelets, il se souvint de ceux qu'il avait donnés à Florine ; il pâlit, il soupira, et fut longtemps sans répondre ; enfin, craignant qu'on ne s'aperçût de l'état où ses différentes pensées le réduisaient, il se fit un effort, et lui répliqua : Ces bracelets valent, je crois, autant que mon royaume ; je pensais qu'il n'y en avait qu'une paire au monde, mais en voilà de semblables.

Truitonne se plaça sur son trône, où elle avait moins bonne mine qu'une huître à l'écaille ; elle demanda à la reine combien, sans surfaire, elle voulait de ces bracelets ? Vous auriez trop de peine à me les payer, madame, dit-elle, il vaut mieux vous proposer un autre marché : si vous me voulez procurer de coucher une nuit dans le cabinet des échos qui est au palais du roi, je vous donnerai mes émeraudes. — Je le veux bien, Mie-Souillon, dit Truitonne, en riant comme une perdue.

Le roi ne s'informa point d'où venaient ces bracelets, moins par indifférence pour celle qui les présentait (bien qu'elle ne fût guère propre à faire naître la curiosité), que par un éloignement invincible qu'il sentait pour Truitonne. Or il est à propos qu'on sache que pendant qu'il était Oiseau Bleu, il avait conté à la princesse qu'il y avait sous son appartement un cabinet, qu'on appelait le cabinet des échos, qui était si ingénieusement fait, que tout ce qui s'y disait fort bas était entendu du roi lorsqu'il était couché dans sa chambre ; et comme Florine voulait lui reprocher son infidélité, elle n'en avait point imaginé de meilleur moyen.

On la mena dans le cabinet par ordre de Truitonne : elle commença ses plaintes et ses regrets. Le malheur dont je voulais douter, n'est que trop certain, cruel Oiseau Bleu, dit-elle ! tu m'as oubliée, tu aimes mon indigne rivale ! Les bracelets que j'ai reçus de ta déloyale main, n'ont pu me rappeler à ton souvenir. Les valets de chambre l'avaient entendue toute la nuit gémir et soupirer : ils le dirent à Truitonnne qui lui demanda quel tintamarre elle avait fait. La reine lui dit qu'elle dormait si bien, qu'ordinairement elle rêvait et qu'elle parlait très souvent tout haut. Pour le roi il ne l'avait point entendue, par une fatalité étrange. C'est que depuis qu'il avait aimé Florine, il ne pouvait plus dormir; et lorsqu'il se mettait au lit pour prendre quelque repos, on lui donnait de l'opium.

La reine passa une partie du jour dans une étrange inquiétude. S'il m'a entendue, disait-elle, se peut-il une indifférence plus cruelle ? S'il ne m'a pas entendue, que ferai-je pour parvenir à me faire entendre ? Il ne se trouvait plus de raretés extraordinaires, car des pierreries sont toujours belles ; mais il fallait quelque chose qui piquât le goût de Truitonne : elle eut recours à ses œufs. Elle en cassa un; aussitôt il en sortit un petit carrosse d'acier poli, garni d'or de rapport : il était attelé de six souris vertes, conduites par un raton couleur de rose, et le postillon, qui était aussi de famille ratonnienne, était gris de lin. Il y avait dans ce carrosse quatre mariónnettes plus fringantes et plus spirituelles que toutes celles qui paraissent aux foires Saint-Germain et Saint-Laurent; elles faisaient des choses surprenantes, particulièrement deux petites Égyptiennes, qui, pour danser la sarabande et les passe-pieds, ne le cédaient à aucun danseur.

La reine demeura ravie de ce nouveau chef-d'œuvre de l'art nécromancien; elle ne dit mot jusqu'au soir, qui était l'heure que Truitonne allait à la promenade; elle se mit dans une allée, faisant galoper ces souris, qui traînaient le carrosse, les ratons et les marionnettes. Cette nouveauté étonna si fort Truitonne, qu'elle s'écria deux ou trois fois : Mie-Souillon, Mie-Souillon, veux-tu cinq sous du carrosse et de son attelage souriquois? — Demandez aux gens de lettres et aux docteurs de ce royaume, dit Florine, ce qu'une telle merveille peut valoir, et je m'en rapporterai à l'estimation du plus savant. Truitonne, qui était absolue en tout, lui répliqua : Sans m'importuner plus longtemps de ta crasseuse présence, dis-m'en le prix. — Dormir encore dans le cabinet des échos, dit-elle, est tout ce que je demande. — Va, pauvre bête, répliqua Truitonne, tu n'en seras pas refusée. Et se tournant vers ses dames : Voilà une sotte créature, dit-elle, de retirer si peu d'avantage de ses raretés.

La nuit vint, Florine dit tout ce qu'elle put imaginer de plus tendre, et elle le dit aussi inutilement qu'elle avait déjà fait, parce que le roi ne manquait jamais de prendre son opium. Elle attendait très impatiemment le jour, pour voir quel effet ses discours auraient produit. Mais hélas! il n'en fut ni plus ni moins que la première fois. Il n'y avait plus qu'un œuf dans son sac dont elle dût espérer du secours; elle le cassa, il en sortit un pâté de six oiseaux qui étaient bardés, cuits, et fort bien apprêtés; avec cela ils chantaient merveilleusement bien, disaient la bonne aventure, et savaient mieux la médecine qu'Esculape. La reine resta charmée d'une chose si admirable; elle fut avec son pâté parlant dans l'antichambre de Truitonne.

Comme elle attendait qu'elle passât, un des valets de chambre du roi s'approcha d'elle, et lui dit : Ma Mie-Souillon, savez-vous bien que si le roi ne prenait pas de l'opium pour dormir, vous l'étourdiriez assurément; car vous jasez la nuit d'une manière surprenante. Florine ne s'étonna plus de ce qu'il ne l'avait pas entendue; elle fouilla dans son sac, et lui dit : Je crains si peu d'interrompre le repos du roi, que si vous voulez ne lui point donner d'opium ce soir, en cas que je couche dans ce même cabinet, toutes ces perles et tous ces diamants seront pour vous. Le valet de chambre y consentit, et lui en donna sa parole.

A quelques moments de là Truitonne vint; elle aperçut la reine avec son pâté, qui feignait de le vouloir manger. Que fais-tu là, Mie-Souillon? lui dit-elle. — Madame, répliqua Florine, je mange des astrologues, des musiciens et des médecins. En même temps tous les oiseaux se mettent à chanter plus mélodieusement que des sirènes; puis ils s'écrièrent : Donnez la pièce blanche, et nous vous dirons votre bonne aventure. Un canard qui dominait, dit plus haut que les autres : Can, can, can, je suis médecin, je guéris de tous maux et de toute sorte de folie, hormis de celle d'amour. Truitonne, plus surprise de tant de merveilles qu'elle l'eût été de ses jours, jura : Par la vertuchou, voilà un excellent pâté ! je le veux avoir ; çà, çà, Mie-Souillon, que t'en donnerais-je ? Le prix ordinaire, dit-elle ; coucher dans le cabinet des échos. — Tiens, dit Truitonne (car elle était de belle humeur), voilà une pistole. Florine, plus contente qu'elle l'eût encore été, parce qu'elle espérait que le roi l'entendrait, se retira en la remerciant.

Dès que la nuit parut, elle se fit conduire dans le cabinet. Lorsqu'elle crut que chacun s'était endormi, elle commença ses plaintes ordinaires. A combien de périls me suis-je exposée, disait-elle, pour te chercher, pendant que tu me fuis ? Que t'ai-je donc fait, cruel, pour oublier tes serments ? Souviens-toi de ta métamorphose, de mes bontés, de nos conversations.

Le roi ne dormait point, et il entendait si distinctement la voix de Florine et toutes ses paroles, qu'il ne pouvait comprendre d'où elles venaient ; mais son cœur, pénétré de tendresse, lui rappela si vivement l'idée de son incomparable princesse, qu'il sentit sa séparation avec la même douleur, qu'au moment où les couteaux l'avaient blessé sur le cyprès ; il se mit à parler de son côté comme la reine avait fait du sien : Ah ! princesse, dit-il, est-il possible que vous m'ayez sacrifié à nos ennemis ! Florine entendit ce qu'il disait, et ne manqua pas de lui répondre, et de lui apprendre que s'il voulait entretenir la Mie-Souillon, il serait éclairci de tous les mystères qu'il n'avait pu pénétrer jusqu'alors. A ces mots, le roi impatient appela un de ses valets de chambre, et lui demanda s'il ne pouvait point trouver Mie-Souillon et l'amener? Le valet de chambre répliqua que rien n'était plus aisé, parce qu'elle couchait dans le cabinet des échos.

Le roi ne savait qu'imaginer. Quel moyen de croire qu'une si grande reine que Florine fût déguisée en Souillon? Et quel moyen de croire que Mie-Souillon eût la voix de la reine, et sût des secrets si particuliers, à moins que ce ne fût elle-même? Dans cette incertitude, il se leva, et s'habillant avec précipitation, il descendit par un degré dérobé dans le cabinet des échos.

Il trouva la reine en robe de taffetas blanc, qu'elle portait sous ses vilains habits, ses beaux cheveux couvraient ses épaules; elle était couchée sur un lit de repos, et une lampe un peu éloignée ne rendait qu'une lumière sombre. Le roi entra, la reconnut et vint se jeter à ses pieds.

La reine ne demeura pas moins troublée; son cœur se serra, elle pouvait à peine soupirer : elle regardait fixement le roi sans lui rien dire; et quand elle eut la force de lui parler, elle n'eut pas celle de lui faire des reproches; le plaisir de le revoir lui fit oublier pour quelque temps les sujets de plaintes qu'elle croyait avoir. Enfin ils s'éclaircirent, ils se justifièrent, et tout ce qui les embarrassait, c'était la fée Soussio.

Mais dans ce moment, l'enchanteur qui aimait le roi, arriva avec une fée fameuse : c'était justement celle qui donna les quatre œufs à Florine. Après les premiers compliments, l'enchanteur et la fée déclarèrent que leur pouvoir étant uni en faveur du roi et de la reine, Soussio ne pouvait rien contre eux et qu'ainsi leur mariage ne recevrait aucun retardement.

Il est aisé de se figurer la joie de ces deux jeunes amants : dès qu'il fut jour on la publia dans tout le palais, et chacun était ravi de voir Florine. Ces nouvelles allèrent jusqu'à Truitonne; elle accourut chez le roi : quelle surprise d'y trouver sa belle rivale! Dès qu'elle voulut ouvrir la bouche pour lui dire des injures, l'enchanteur et la fée parurent, qui la métamorphosèrent en truie, afin qu'il lui restât au moins une partie de son nom

et de son naturel grondeur : elle s'enfuit toujours grognant jusque dans la basse-cour, où de longs éclats de rire que l'on fit sur elle, achevèrent de la désespérer.

Le roi Charmant et la reine Florine, délivrés d'une personne si odieuse, ne pensèrent plus qu'à la fête de leurs noces; la galanterie et la magnificence y parurent également : il est aisé de juger de leur félicité, après de si longs malheurs.

Quand Truitonne aspirait à l'hymen de Charmant,
Et que, sans avoir su lui plaire,

Elle voulait former ce triste engagement,
Que la mort seule peut défaire,
Qu'elle était imprudente, hélas !
Sans doute elle ignorait qu'un pareille mariage
Devient un funeste esclavage,
Si l'amour ne le forme pas.
Je trouve que Charmant fut sage.
A mon sens il vaut beaucoup mieux
Être oiseau bleu, corbeau, devenir hibou même,
Que d'éprouver la peine extrême
D'avoir ce que l'on hait toujours devant les yeux.
En ces sortes d'hymens notre siècle est fertile.
Les hymens seraient plus heureux
Si l'on trouvait encor quelqu'enchanteur habile
Qui voulût s'opposer à ces coupables nœuds,
Et ne jamais souffrir que l'hyménée unisse
Par intérêt ou par caprice,
Deux cœurs infortunés, s'ils ne s'aiment tous deux.

LA CHATTE BLANCHE.

LA CHATTE BLANCHE.

Il était une fois un roi qui avait trois fils bien faits et courageux; il eut peur que l'envie de régner ne leur prît avant sa mort; il courait même certains bruits qu'ils cherchaient à s'acquérir des créatures; et que c'était pour lui ôter son royaume. Le roi se sentait vieux; mais son esprit et sa capacité n'ayant point diminué, il n'avait pas envie de leur céder une place qu'il remplissait dignement; il pensa donc que le meilleur moyen de vivre en repos, c'était de les amuser par des promesses dont il saurait toujours éluder l'effet.

Il les appela dans son cabinet, et après leur avoir parlé avec beaucoup de bonté, il ajouta : Vous conviendrez avec moi, mes chers enfants, que mon grand âge ne permet pas que je m'applique aux affaires de mon état avec autant de soin que je le faisais autrefois : je crains que mes sujets n'en souffrent, je veux mettre ma couronne sur la tête d'un de vous autres; mais il est bien juste que, pour un tel présent, vous cherchiez les moyens de me plaire, dans le dessein que j'ai de me retirer à la campagne. Il me semble qu'un petit chien adroit, joli et fidèle, me tiendrait bonne compagnie ; de sorte que sans choisir mon fils aîné, plutôt que mon cadet, je vous déclare que celui des trois qui m'apportera le plus beau petit chien sera aussitôt mon héritier. Ces princes demeurèrent surpris de l'inclination de leur père pour un petit chien, mais les deux cadets y pouvaient trouver leur compte, et ils acceptèrent avec plaisir la commission d'aller en chercher un ; l'aîné était trop timide ou trop respectueux pour représenter ses droits. Ils prirent congé du roi, il leur donna de l'argent et des pierreries, ajoutant que dans un an, sans y manquer, ils revinssent au même jour et à la même heure lui apporter leurs petits chiens.

Avant de partir, ils allèrent dans un château qui n'était qu'à une lieue de la ville. Ils firent de grands festins, se promirent une amitié éternelle ; enfin ils partirent, réglant qu'ils se trouveraient à leur retour dans le même château, pour aller ensemble chez le roi ; ils ne voulurent être suivis de personne, et changèrent leurs noms pour n'être pas connus.

Chacun prit une route différente ; les deux aînés eurent beaucoup d'aventures ; mais je ne m'attache qu'à celles du cadet. Il était gracieux, il avait l'esprit gai et réjouissant, la tête admirable, la taille noble, les traits réguliers, de belles dents, beaucoup d'adresse dans tous les exercices qui conviennent à un prince. Il chantait agréablement, il touchait le luth et le téorbe, avec une délicatesse qui charmait. Il savait peindre ; en un mot, il était très accompli, et avait de la valeur jusqu'à l'intrépidité.

Il n'y avait guère de jours qu'il n'achetât des chiens, de grands, de petits, des lévriers, des dogues, limiers, chiens de chasse, épagneuls, barbets, bichons ; dès qu'il en avait

un beau, et qu'il en trouvait un plus beau, il laissait aller le premier pour garder l'autre ; car il aurait été impossible qu'il eût mené tout seul trente ou quarante mille chiens, et il ne voulait ni gentilshommes, ni valets de chambre, ni pages à sa suite. Il avançait toujours son chemin, n'ayant point déterminé jusqu'où il irait, lorsqu'il fut surpris de la nuit, du tonnerre et de la pluie dans une forêt dont il ne pouvait plus reconnaître les sentiers.

Il prit le premier chemin, et après avoir marché longtemps, il aperçut un peu de lumière ; il se dirigea de ce côté, et arriva à la porte d'un château, le plus superbe qui

13.

se soit jamais vu. La porte était d'or, couverte d'escarboucles, dont la lumière vive et pure éclairait tous les envi-

rons. C'était elle que le prince avait vue de fort loin; les murs étaient d'une porcelaine transparente, mêlée de plusieurs couleurs qui représentaient l'histoire de toutes les fées, depuis la création du monde jusqu'alors; les fameuses aventures de Peau-d'Ane, de Finette, de l'Oranger, de Gracieuse, de la Belle au bois dormant, de Serpentin vert, et de cent autres, n'y étaient pas oubliées. Il fut charmé d'y reconnaître le prince Lutin, car c'était son oncle à la mode de Bretagne.

Il revint à la porte d'or; il vit un pied de chevreuil attaché à une chaîne toute de diamants.

Il tira le pied de chevreuil, et aussitôt il entendit sonner une cloche qui lui parut d'or ou d'argent, par le son qu'elle rendait; au bout d'un moment la porte fut ouverte, sans qu'il aperçût autre chose qu'une douzaine de mains en l'air, qui tenaient chacune un flambeau. Il demeura si surpris, qu'il hésitait à s'avancer, quand il sentit d'autres mains qui le poussaient par derrière avec assez de violence. Il marcha donc fort inquiet, et à tout hasard il porta la main sur la garde de son épée; mais entrant dans un vestibule tout incrusté de porphyre et de lapis, il entendit deux voix ravissantes qui chantèrent :

Entrez, prince superbe.

Il ne put croire qu'on l'invitât de si bonne grâce, pour lui faire ensuite du mal; de sorte que se sentant poussé vers une grande porte de corail, qui s'ouvrit dès qu'il s'en fut approché, il entra dans un salon de nacre de perles, et ensuite dans plusieurs chambres ornées différemment, et si riches par les peintures et les pierreries, qu'il en était comme enchanté. Mille et mille lumières attachées depuis la voûte du salon jusqu'en bas, éclairaient une partie des autres appartements, qui ne laissaient pas d'être remplis de lustres, de girandoles, et de gradins couverts de bougies ; enfin la magnificence était telle, qu'il n'était pas aisé de croire que ce fût une chose possible.

Après avoir passé dans soixante chambres, les mains qui le conduisaient l'arrêtèrent ; il vit un grand fauteuil, qui s'approcha tout seul de la cheminée. En même temps le feu s'alluma, et les mains qui lui semblaient fort belles, blanches, petites, grassettes, et bien proportionnées, le déshabillèrent ; car il était mouillé, comme je l'ai déjà dit, et l'on avait peur qu'il ne s'enrhumât. On lui présenta, sans qu'il vît personne, une chemise aussi belle que pour un jour de noces, avec une robe de chambre d'une étoffe glacée d'or, brodée de petites émeraudes, qui formaient des chiffres. Les mains, sans corps, approchèrent de lui une table, sur laquelle sa toilette fut mise. Rien n'était plus magnifique ; elles le peignèrent avec une légèreté et une adresse dont il fut fort content. Ensuite on le rhabilla, mais ce ne fut pas avec ses habits, on lui en apporta de beaucoup plus riches. Il admirait silencieusement tout ce qui se passait.

Après qu'on l'eut poudré, frisé, parfumé, paré, ajusté, et rendu plus beau qu'Adonis, les mains le conduisirent dans une salle superbe par ses dorures et ses meubles. On voyait autour l'histoire des plus fameux chats ; Rodillardus pendu par les pieds au conseil des rats, Chat botté, marquis de Carabas, le Chat qui écrit, la Chatte devenue femme, les Sorciers devenus chats, le sabbat et toutes ses cérémonies ; enfin rien n'était plus singulier que ces tableaux.

Le couvert était mis, il y en avait deux, chacun garni de son cadenas d'or; le buffet surprenait par la quantité de vases de cristal de roche et de mille pierres rares.

Le prince ne savait pour qui ces deux couverts étaient mis, lorsqu'il vit des chats qui se placèrent dans un petit orchestre ménagé exprès; l'un tenait un livre avec des notes les plus extraordinaires du monde, l'autre un rouleau de papier dont il battait la mesure, et les autres avaient de petites guitares. Tout d'un coup chacun d'eux se mit à miauler sur différents tons, et à gratter les cordes des guitares avec leurs ongles; c'était la plus étrange musique que l'on ait jamais entendue.

Il rêvait aux différentes choses qui lui étaient déjà arrivées dans ce château, lorsqu'il vit entrer une petite figure qui n'avait pas une coudée de haut. Cette bamboche se couvrait d'un long voile d'un crêpe noir. Deux chats la menaient; ils étaient vêtus de deuil, en manteau, et l'épée au côté; un nombreux cortége de chats venaient après; les uns portaient des ratières pleines de rats, et les autres des souris dans des cages.

Le prince ne sortait point d'étonnement; il ne savait que penser. La figurine noire s'approcha; et levant son voile, il aperçut la plus belle petite Chatte blanche qui ait jamais été et qui sera jamais. Elle avait l'air fort jeune et fort triste; elle se mit à faire un miaulis si doux et si charmant, qu'il allait droit au cœur; elle dit au prince : Fils de roi, sois le bienvenu, ma miaularde majesté te voit avec plaisir. — Madame la Chatte, dit le prince, vous êtes bien généreuse de me recevoir avec tant d'accueil, mais vous ne me paraissez pas une bestiole ordinaire; le don que vous avez de la parole, et le superbe château que vous possédez, en sont des preuves assez évidentes. — Fils de roi, reprit Chatte blanche, je te prie, cesse de me faire des compliments, je suis simple dans mes discours et dans mes manières, mais j'ai un bon cœur. Allons, continua-t-elle, que l'on serve, et que les musiciens se taisent, car le prince n'entend pas ce qu'ils disent. — Et disent-ils quelque chose, madame? reprit-il. — Sans doute, continua-t-elle, nous avons ici des poëtes qui ont infiniment d'esprit, et si vous restez un peu parmi nous, vous aurez lieu d'en être convaincu. — Il ne faut que vous entendre pour le croire, dit galamment le prince.

L'on apporta le souper; les mains dont les corps étaient invisibles servaient. L'on mit d'abord sur la table deux bisques, l'une de pigeonneaux, et l'autre de souris fort grasses. La vue de l'une empêcha le prince de manger de l'autre, se figurant que le même cuisinier les avait accommodées; mais la petite Chatte l'assura que sa cuisine était à part, et qu'il pouvait manger de ce qu'on lui présenterait, avec certitude qu'il n'y aurait ni rats, ni souris.

Le prince ne se le fit pas dire deux fois. Il remarqua qu'elle avait à sa patte un portrait fait en table; cela le surprit. Il la pria de le lui montrer, croyant que c'était maître Minagrobis. Il fut bien étonné de voir un jeune homme si beau, qu'il était à peine croyable que la nature en pût former un tel, et qui lui ressemblait si fort, qu'on n'aurait pu le peindre mieux. Le prince vit bien qu'il y avait quelque chose d'extraordinaire là-dessous; cependant il n'osa s'en informer, de peur de déplaire à la Chatte, ou de la chagriner.

Après le souper, Chatte blanche convia son hôte d'entrer dans un salon où il y avait un théâtre, sur lequel douze chats et douze singes dansèrent en ballet; c'est ainsi que la soirée finit. Chatte blanche donna le bonsoir à son hôte; les mains qui l'avaient conduit jusque-là le reprirent et le menèrent dans un appartement tout opposé à celui qu'il avait vu. Il était moins magnifique que galant; tout était tapissé d'ailes de papillons, dont les diverses couleurs formaient mille fleurs différentes. Il y avait aussi des plumes d'oiseaux très rares, et qui n'ont peut-être jamais été vus que dans ce lieu-là. Les lits étaient de gaze, rattachés par mille nœuds de rubans. C'étaient de grandes glaces, depuis le plafond jusqu'au parquet, et les bordures d'or ciselé représentaient mille petits amours.

Le prince se coucha; il dormit peu, et fut réveillé par un bruit confus. Les mains aussitôt le tirèrent de son lit, et lui mirent un habit de chasse. Il regarda dans la cour du château, il aperçut plus de cinq cents chats, dont les uns menaient des lévriers en laisse, les autres sonnaient du cor; c'était une grande fête, Chatte blanche allait à la chasse; elle voulait que le prince y vînt. Les officieuses mains lui présentèrent un cheval de bois qui courait à toute bride, et qui allait le pas à merveille; il fit quelque difficulté d'y monter, disant qu'il s'en fallait beaucoup qu'il ne fût chevalier errant comme don Quichotte : mais sa résistance ne servit de rien, on le planta sur le cheval de bois. Il avait une housse et une selle de broderie d'or et de diamants. Chatte blanche montait un singe, le plus beau et le plus superbe qui se soit encore vu ; elle avait quitté son grand voile, et portait un bonnet à la dragonne, qui lui donnait un petit air si résolu, que toutes les souris du voisinage en avaient peur. Il ne s'est jamais fait une chasse plus agréable ; les chats couraient plus vite que les lapins et les lièvres ; de sorte que lorsqu'ils en prenaient, Chatte blanche faisait faire la curée devant elle, et il s'y passait mille tours d'adresse très réjouissants ; les oiseaux n'étaient pas de leur côté trop en sûreté, car les chatons grimpaient aux arbres, et le maître singe portait Chatte blanche jusque dans le nid des aigles, pour disposer à sa volonté des petites altesses aiglonnes.

La chasse étant finie, on revint au château.

Le prince avait oublié jusqu'à son pays. Les mains dont j'ai parlé continuaient de le servir. Il regrettait quelquefois de n'être pas chat, pour passer sa vie dans cette bonne compagnie. Hélas ! disait-il à Chatte Blanche, que j'aurai de douleur de vous quitter ; je vous aime si chèrement !

Une année s'écoule bien vite quand on n'a ni souci ni peine. Chatte blanche savait le temps où il devait retourner, et comme il n'y pensait plus, elle l'en fit souvenir. Sais-tu, dit-elle, que tu n'as que trois jours pour chercher le petit chien que le roi ton père souhaite, et que tes frères en ont trouvé de fort beaux ? Le prince revint à lui, et s'étonnant de sa négligence : Par quel charme secret, s'écria-t-il, ai-je oublié la chose du monde qui m'est la plus importante ? Il y va de ma gloire et de ma fortune. Où prendrai-je un chien tel qu'il me le faut pour gagner le royaume, et un cheval assez diligent pour faire tant de chemin.

Chatte blanche lui dit : Fils de roi, ne te chagrine point, je suis de tes amies, tu peux rester encore ici un jour, et quoiqu'il y ait cinq cents lieues d'ici à ton pays, le bon cheval de bois t'y portera en moins de douze heures. — Je vous remercie, belle Chatte, dit le prince ; mais il ne suffit pas de retourner vers mon père, il faut que je lui porte un petit chien. — Tiens, lui dit Chatte blanche, voici un gland où il y en a un plus beau que la Canicule. — Ho ! dit le prince, madame la Chatte, votre majesté se moque de moi. — Approche le gland de ton oreille, continua-t-elle, et tu l'entendras japer. Il obéit : aussitôt le petit chien fit jap, jap, dont le prince demeura transporté de joie, car tel chien qui tient dans un gland doit être fort petit. Il voulait l'ouvrir tant il avait envie de le voir ; mais Chatte blanche lui dit qu'il pourrait avoir froid par les chemins, et qu'il valait mieux attendre qu'il fût devant le roi son père. Il la remercia mille fois et lui dit adieu.

Ils se quittèrent ; le prince arriva le premier au château où le rendez-vous avait été réglé avec ses frères. Ils s'y rendirent peu après.

Le prince vint au-devant d'eux : ils s'embrassèrent plusieurs fois, et se rendirent compte de leurs voyages ; mais notre prince déguisa à ses frères la vérité de ses aventures, et leur montra un méchant chien qui servait à tourner la broche, disant qu'il l'avait trouvé si joli, que c'était celui qu'il apportait au roi. Quelque amitié qui fût entre eux, les deux aînés sentirent une secrète joie du mauvais choix de leur cadet.

Le lendemain ils partirent ensemble dans un même carrosse. Les deux fils aînés du roi avaient de petits chiens dans des paniers, si beaux et si délicats, que l'on osait à peine les toucher. Le cadet portait le pauvre tourne-broche,

qui était si crotté, que personne ne voulait le souffrir. Lorsqu'ils furent dans le palais, chacun les environna pour leur souhaiter la bienvenue. Ils entrèrent dans l'appartement du roi. Il ne savait en faveur duquel décider; car les petits chiens qui lui étaient présentés par ses deux aînés, étaient presque d'une égale beauté; et ils se disputaient déjà l'avantage de sa succession, lorsque le cadet les mit d'accord en tirant de sa poche le gland que Chatte blanche lui avait donné. Il l'ouvrit promptement, puis chacun vit un petit chien couché sur du coton. Il passait au milieu d'une bague sans y toucher. Le prince le mit par terre, aussitôt il commença de danser la sarabande avec des castagnettes, aussi légèrement que la plus célèbre Espagnole. Il était de mille couleurs différentes, ses soies et ses oreilles traînaient par terre. Le roi demeura fort confus, car il était impossible de trouver rien à dire à la beauté du toutou.

Cependant il n'avait aucune envie de se défaire de sa couronne. Le plus petit fleuron lui était plus cher que tous les chiens de l'univers. Il dit donc à ses enfants qu'il était satisfait de leurs peines, mais qu'ils avaient si bien réussi dans la première chose qu'il avait souhaitée d'eux, qu'il voulait encore éprouver leur habileté avant de tenir parole ; qu'ainsi il leur donnait un an à chercher une pièce de toile si fine, qu'elle passât par le trou d'une aiguille à faire du point de Venise. Ils demeurèrent tous trois très affligés d'être en obligation de retourner à une nouvelle quête. Les deux princes, dont les chiens étaient moins beaux que celui de leur cadet, y consentirent. Chacun partit de son côté, sans se faire autant d'amitié que la première fois, car le tourne-broche les avait un peu refroidis.

Notre prince reprit son cheval de bois, et sans vouloir chercher d'autres secours que ceux qu'il pourrait espérer de l'amitié de Chatte blanche, il partit en toute diligence, et retourna au château où elle l'avait si bien reçu. Il en trouva toutes les portes ouvertes, les fenêtres, les toits, les tours et les murs étaient bien éclairés de cent mille lampes, qui faisaient un effet merveilleux. Les mains qui l'avaient si bien servi s'avancèrent au-devant de lui, prirent la bride de l'excellent cheval de bois qu'elles menèrent à l'écurie, pendant que le prince entra dans la chambre de Chatte blanche.

Elle était couchée dans une petite corbeille, sur un matelas de satin blanc très propre. Elle avait des cornettes négligées, et paraissait abattue; mais quand elle aperçut le prince, elle fit mille sauts et autant de gambades, pour lui témoigner la joie qu'elle avait. Quelque sujet que j'eusse, lui dit-elle, d'espérer ton retour, je t'avoue, fils de roi, que je n'osais m'en flatter, et je suis ordinairement si malheureuse dans les choses que je souhaite, que celle-ci me surprend. Le prince reconnaissant lui fit mille caresses; il lui conta le succès de son voyage, qu'elle savait peut-être mieux que lui, et que le roi voulait une pièce de toile qui pût passer par le trou d'une aiguille; qu'à la vérité il croyait la chose impossible, mais qu'il n'avait pas laissé de la tenter, se promettant tout de son amitié et de son secours. Chatte blanche, prenant un air plus sérieux, lui dit que par bonheur elle avait dans son château des chattes qui filaient fort bien; qu'elle-même y mettrait la griffe; qu'ainsi il pouvait demeurer tranquille.

Cette seconde année s'écoula comme la première, le prince ne souhaitait guère de choses que les mains diligentes ne lui apportassent sur-le-champ.

Chatte blanche, qui veillait toujours aux intérêts du prince, l'avertit que le temps de son départ approchait, qu'il pouvait se tranquilliser sur la pièce de toile qu'il désirait, et qu'elle lui en avait fait une merveilleuse. Elle lui remit une noix, en disant : Garde-toi de la casser qu'en la présence du roi, tu y trouveras la pièce de toile que tu m'as demandée. — Aimable Blanchette, répliqua-t-il, je vous avoue que je suis si pénétré de vos bontés, que si vous y vouliez consentir, je préférerais de passer ma vie avec vous, à toutes les grandeurs que j'ai lieu de me promettre ailleurs. — Fils de roi, reprit Chatte blanche, je suis persuadée de la bonté de ton cœur ; c'est une marchandise rare parmi les princes, ils veulent être aimés de tout le monde, et ne veulent rien aimer ; mais tu montres assez que la règle générale a son exception. Je te tiens compte de l'attachement que tu témoignes pour une petite Chatte blanche, qui dans le fond n'est propre à rien qu'à prendre des souris. Le prince lui baisa la patte et partit.

L'on aurait de la peine à croire la diligence qu'il fit, si l'on ne savait de quelle manière le cheval de bois l'avait déjà porté au palais du roi son père. Quoiqu'il eût été, cette fois, retardé dans sa marche par la suite nombreuse que Chatte blanche lui avait donnée, il arriva pourtant au moment où ses deux frères aînés étaient en présence du roi ; de sorte que, ne voyant point paraître leur cadet, ils s'applaudissaient de sa négligence et se disaient tout bas l'un à l'autre : Voilà qui est bien heureux, il est mort ou malade, il ne sera point notre rival dans l'affaire importante qui va se traiter. Aussitôt ils déployèrent leurs toiles, qui à la vérité étaient si fines, qu'elles passaient dans le trou d'une grosse aiguille, mais pour dans une petite cela ne se pouvait ; et le roi, très aise de ce prétexte de dispute, leur montra l'aiguille qu'il avait proposée, et que les magistrats, par son ordre, apportèrent du trésor de la ville où elle avait été soigneusement enfermée.

Il y avait beaucoup de murmure sur cette dispute. Les amis des princes, et particulièrement ceux de l'aîné, car c'était sa toile qui était la plus belle, disaient que c'était là une franche chicane, où il entrait beaucoup d'adresse et de normanisme. Les créatures du roi soutenaient qu'il n'était point obligé de tenir des conditions qu'il n'avait pas proposées ; enfin pour les mettre tous d'accord, l'on entendit un bruit charmant de trompettes, de timbales et de hautbois ; c'était notre prince qui arrivait en pompeux appareil. Le roi et ses deux fils demeurèrent aussi étonnés les uns que les autres d'une si grande magnificence.

Après qu'il eut salué respectueusement son père, embrassé ses frères, il tira d'une boîte couverte de rubis la noix, qu'il cassa ; il croyait y trouver la pièce de toile tant vantée ; mais il y avait au lieu une noisette. Il la cassa encore, et demeura surpris de voir un noyau de cerise. Chacun se regardait, le roi riait tout doucement, et se moquait que son fils eût été assez crédule pour croire apporter dans une noix une pièce de toile ; mais pourquoi ne l'aurait-il pas cru, puisqu'il avait déjà donné un petit chien qui tenait dans un gland ? Il cassa donc le noyau de cerise qui était rempli de son amande ; alors il s'éleva un grand bruit dans la chambre : l'on n'entendait autre chose, sinon : Le prince cadet est la dupe de l'aventure. Il ne répondit rien aux mauvaises plaisanteries des courtisans, il ouvre l'amande et trouve un grain de blé, puis dans le grain de blé un grain de millet. Ho ! c'est la vérité qu'il commença à se défier, et marmotta entre ses dents : Chatte blanche, Chatte blanche, tu t'es moquée de moi. Il sentit dans ce moment la griffe d'un chat sur sa main, dont il fut si bien égratigné, qu'il en saignait. Il ne savait si cette griffade était faite pour lui donner du cœur, ou pour lui faire perdre courage; cependant il ouvrit le grain de millet, et l'étonnement de tout le monde ne fut pas petit, quand il en tira une pièce de toile de quatre cents aunes, si merveilleuse, que tous les oiseaux, les animaux et les poissons y étaient peints avec les arbres, les fruits et les plantes de la terre. Lorsque le roi vit cette pièce de toile, il devint aussi pâle que le prince était devenu rouge de la chercher si longtemps. L'on présenta l'aiguille, et elle y passa et repassa six fois. Le roi et les deux princes aînés gardaient un morne silence, quoique la beauté et la rareté de cette toile les forçât de temps en temps de dire que tout ce qui était dans l'univers ne lui était pas comparable.

Le roi poussa un profond soupir, et se tournant vers ses enfants : Rien ne peut, leur dit-il, me donner tant de consolation dans ma vieillesse, que de reconnaître votre déférence pour moi ; je souhaite donc que vous vous mettiez à une nouvelle épreuve. Allez encore voyager un an, et celui qui au bout de l'année ramènera la plus belle fille l'épousera et sera couronné roi. Je jure que je ne différerai plus à donner la récompense que j'ai promise.

Toute l'injustice roulait sur notre prince; mais il était si bien né, qu'il ne voulut point contrarier la volonté de son père, et sans différer il remonta dans sa calèche. Tout son équipage le suivit et il retourna auprès de sa chère Chatte blanche; elle savait le jour et le moment qu'il devait arriver : tout était jonché de fleurs sur le chemin. Elle était assise sur un tapis de Perse et sous un pavillon de drap d'or, dans une galerie où elle pouvait le voir revenir.

Hé bien, fils de roi, lui dit-elle, te voilà donc encore revenu sans couronne ? — Madame, répliqua-t-il, vos bontés m'avaient mis en état de la gagner ; mais je suis persuadé que le roi aurait plus de peine à s'en défaire que je n'aurais de plaisir à la posséder. — N'importe, dit-elle, il ne faut rien négliger pour la mériter, je te servirai dans cette occasion ; et puisqu'il faut que tu mènes une belle fille à la cour de ton père, je t'en chercherai quelqu'une qui te fera gagner le prix.

Rien ne s'écoule plus vite que des jours qui se passent sans peine et sans chagrin ; et si la Chatte n'avait pas été soigneuse de se souvenir du temps qu'il fallait retourner à la cour, il est certain que le prince aurait laissé passer l'année sans s'en inquiéter. Elle l'avertit la veille qu'il ne tiendrait qu'à lui d'emmener une des plus belles princesses qui fût dans le monde, que l'heure de détruire le fatal ouvrage des fées était à la fin arrivée, et qu'il fallait pour cela qu'il se résolût à lui couper la tête et la queue, qu'il jetterait promptement dans le feu. Moi, s'écria-t-il, je serais assez barbare pour vous tuer ? Ha ! vous voulez sans doute éprouver mon cœur, mais soyez certaine qu'il n'est point capable de manquer à l'amitié et la reconnaissance qu'il vous doit. — Non, fils de roi, continua-t-elle, je ne te soupçonne d'aucune ingratitude. Fais ce que je souhaite, nous commencerons l'un et l'autre d'être heureux, et tu connaîtras, foi de Chatte de bien et d'honneur, que je suis véritablement ton amie.

Le prince dit tout ce qu'il put imaginer de plus tendre, pour qu'elle l'en dispensât ; elle répondait opiniâtrément qu'elle voulait mourir de sa main; elle le pressa avec tant d'ardeur, qu'il tira son épée en tremblant, et d'une main mal assurée, il coupa la tête et la queue de sa bonne amie la Chatte : en même temps il vit la plus charmante métamorphose qui se puisse imaginer. Le corps de Chatte blanche devint grand, et se changea tout d'un coup en une belle fille; c'est ce qui ne saurait être décrit, il n'y a eu que celle-là aussi accomplie.

Le prince en la voyant demeura si surpris, qu'il se crut enchanté. Il ne pouvait parler, ses yeux n'étaient pas assez grands pour la regarder, et sa langue liée ne pouvait expliquer son étonnement; mais ce fut bien autre chose, lorsqu'il vit entrer un nombre extraordinaire de dames et de seigneurs, qui tenant tous leur peau de chatte ou de chat jetée sur leurs épaules, vinrent se prosterner aux pieds de la reine. Elle les reçut avec des témoignages de bonté qui marquaient assez le caractère de son cœur. Et après avoir tenu sa cour quelques moments, elle ordonna qu'on la laissât seule avec le prince, et elle lui parla ainsi :

Ne pensez pas, seigneur, que j'aie toujours été Chatte. Mon père était roi de six royaumes. Il aimait tendrement ma mère, et la laissait dans une entière liberté de faire tout ce qu'elle voulait. Son inclination dominante était de voyager; de sorte qu'elle entreprit d'aller voir une certaine montagne dont elle avait entendu dire des choses surprenantes. Comme elle était en chemin, on lui dit qu'il y avait proche du lieu où elle passait, un ancien château de fées, le plus beau du monde; que ces fées avaient dans leur jardin les meilleurs fruits qui se fussent jamais mangés,

Aussitôt la reine ma mère eut une envie si violente d'en manger, qu'elle y tourna ses pas. Elle arriva à la porte de ce superbe édifice; mais elle y frappa inutilement, personne ne parut, il semblait que tout le monde y était mort; son envie augmentant par les difficultés, elle envoya quérir des échelles, afin que l'on pût passer par-dessus les murs du jardin, et l'on en serait venu à bout, si ces murs ne se fussent haussés à vue d'œil, bien que personne n'y travaillât; l'on attachait des échelles les unes aux autres, elles rompaient sous le poids de ceux qu'on y faisait monter, et ils s'estropiaient ou se tuaient.

La reine se désespérait. Elle voyait de grands arbres chargés de fruits qu'elle croyait délicieux, elle en voulait

manger ou mourir; de sorte qu'elle fit tendre des tentes fort riches devant le château, et y tint sa cour pendant six semaines. Elle ne dormait ni ne mangeait, elle ne parlait que des fruits du jardin inaccessible, enfin elle tomba dangereusement malade, sans que qui que ce fût pût apporter le moindre remède à son mal, car les inexorables fées n'avaient pas même paru depuis qu'elle s'était établie proche de leur château.

Une nuit qu'elle s'était un peu assoupie, elle vit en se réveillant une petite vieille, laide et décrépite, assise dans un fauteuil au chevet de son lit. Nous trouvons ta majesté bien importune, lui dit la vieille, de vouloir avec tant d'opiniâtreté manger de nos fruits; mais puisqu'il y va de ta précieuse vie, mes sœurs et moi consentons à t'en donner tant que tu pourras en emporter, et tant que tu resteras ici, pourvu que tu nous fasses un don. — Ah! ma bonne mère, s'écria la reine, parlez, je vous donne mes royaumes, mon cœur, mon âme, pourvu que j'aie des fruits. — Nous voulons, dit-elle, que ta majesté nous donne la fille dont tu vas être mère ; dès qu'elle sera née, nous la viendrons querir; elle sera nourrie parmi nous, il n'y a point de vertus, de beautés, de sciences, dont nous ne la douions : en un mot, ce sera notre enfant, nous la rendrons heureuse ; mais observe que ta majesté ne la reverra plus qu'elle ne soit mariée. Si la proposition t'agrée, je vais tout à l'heure te guérir, et te mener dans nos vergers; malgré la nuit, tu verras assez clair pour choisir ce que tu voudras. Si ce que je te dis ne te plaît pas, bonsoir, madame la reine, je vais dormir. — Quelque dure que soit la loi que vous m'imposez, répondit la reine ma mère, je l'accepte plutôt que de mourir, car il est certain que je n'ai pas un jour à vivre, ainsi je perdrais mon enfant en me perdant.

Alors la fée la toucha avec une petite baguette d'or, en disant : Que ta majesté soit quitte de tous les maux qui la retiennent dans ce lit. Il lui sembla aussitôt qu'on lui ôtait une robe fort pesante et fort dure, dont elle se sentait comme accablée, et qu'il y avait des endroits où elle tenait davantage. C'était apparemment ceux où le mal était le plus grand. Elle fit appeler toutes ses dames, et leur dit, avec un visage gai, qu'elle se portait à merveille, qu'elle allait se lever, et qu'enfin ces portes si bien verrouillées et si bien barricadées du palais de féerie lui seraient ouvertes pour manger de beaux fruits, et pour en emporter tant qu'il lui plairait. Ses femmes l'habillèrent promptement, et elle se hâta de suivre la vieille fée qui l'avait toujours attendue.

Elle entra dans le palais, où rien ne pouvait être ajouté pour en faire le plus beau lieu du monde. Vous le croirez aisément, seigneur, ajouta la reine Chatte blanche, quand je vous aurai dit que c'est celui où nous sommes; deux autres fées, un peu moins vieilles que celle qui conduisait ma mère, la reçurent à la porte et lui firent un accueil très favorable. Elle les pria de la mener promptement dans le jardin, et vers les espaliers où elle trouverait les meilleurs fruits.

Nous y consentons volontiers, dirent les trois fées; mais souviens-toi de la promesse que tu nous as faite; il ne te sera plus permis de t'en dédire. — Je suis persuadée, répliqua-t-elle, que l'on est si bien avec vous, et ce palais me semble si beau, que si je n'aimais pas chèrement le roi mon mari, je m'offrirais d'y demeurer aussi; c'est pourquoi vous ne devez point craindre que je rétracte ma parole. Les fées, très contentes, lui ouvrirent tous leurs jardins; elle y resta trois jours et trois nuits sans en vouloir sortir, tant elle les trouvait délicieux. Elle cueillit des fruits pour sa provision; et comme ils ne se gâtent jamais, elle en fit charger quatre mille mulets, qu'elle emmena.

Le roi fut ravi du retour de la reine, toute la cour lui en témoigna sa joie; ce n'étaient que bals, mascarades et festins, où les fruits de la reine étaient servis comme un régal délicieux. Le roi les mangeait préférablement à tout ce qu'on pouvait lui présenter. Il ne savait point le traité qu'elle avait fait avec les fées, et souvent il lui demandait en quel pays elle était allée pour en rapporter d'aussi bonnes choses; elle lui répondait qu'ils se trouvaient sur une montagne presque inaccessible; une autre fois qu'ils venaient dans des vallons, puis au milieu d'un jardin ou dans une grande forêt: Le roi demeurait surpris de tant de contrariétés. Il questionnait ceux qui l'avaient accompagnée; mais elle leur avait tant défendu de conter à personne son aventure, qu'ils n'osaient en parler. Enfin la reine, inquiète de ce qu'elle avait promis aux fées, tomba dans une mélancolie affreuse; elle soupirait à tout moment, et changeait à vue d'œil. Le roi s'inquiéta; il pressa la reine de lui déclarer le sujet de sa tristesse; et après des peines extrêmes, elle lui apprit tout ce qui s'était passé entre les fées et elle, et comme elle leur avait promis la fille qu'elle devait avoir. — Quoi! s'écria le roi, nous n'avons point d'enfants, vous savez à quel point j'en désire, et pour manger deux ou trois pommes, vous avez été capable de promettre votre fille! Il faut que vous n'ayez aucune amitié pour moi. Là-dessus il la fit enfermer dans une tour, et mit des gardes de tous côtés, pour empêcher qu'elle n'eût commerce avec qui que ce fût au monde.

La mauvaise intelligence du roi et de la reine jeta la cour dans une consternation infinie. Chacun quitta ses riches habits pour en prendre de conformes à la douleur générale. Le roi, de son côté, paraissait inexorable; il ne voyait plus sa femme, et sitôt que je fus née, il me fit apporter dans son palais pour y être nourrie. Les fées n'ignoraient rien de ce qui se passait; elles s'en irritèrent, elles voulaient m'avoir, elles me regardaient comme leur bien, et que c'était leur faire un vol que de me retenir. Avant que de chercher une vengeance proportionnée à leur chagrin, elles envoyèrent une célèbre ambassade au roi pour le prier de me donner à leurs ambassadeurs, afin d'être nourrie et élevée parmi elles. Les ambassadeurs étaient si petits et si contrefaits, qu'ils n'eurent pas le don de persuader ce qu'ils voulaient au roi. Il les refusa rudement.

Quand les fées surent le procédé de mon père, elles s'indignèrent autant qu'on peut l'être; et après avoir envoyé dans ses six royaumes tous les maux qui pouvaient les désoler, elles lâchèrent un dragon épouvantable, qui remplissait de venin les endroits où il passait et qui mangeait les hommes et les enfants.

Le roi se trouva dans la dernière désolation : il avait pour amie une fée qui était fort vieille, et ne se levait presque plus; il alla chez elle, il lui fit mille reproches de souffrir que le destin le persécutât, sans le secourir. Comment voulez-vous que je fasse? lui dit-elle, vous avez irrité mes sœurs; elles ont autant de pouvoir que moi, et rarement nous agissons les unes contre les autres. Songez à les apaiser en leur donnant votre fille, cette petite princesse leur appartient.

Le roi mon père m'aimait chèrement; mais ne voyant point d'autre moyen de se délivrer du fatal dragon, il dit

à son amie qu'il voulait bien me donner aux fées, puisqu'elle assurait que je serais chérie et traitée en princesse de mon rang; qu'il ferait aussi revenir la reine, et qu'elle n'avait qu'à lui dire à qui il me confierait pour me porter au château de féerie. — Il faut, lui dit-elle, la porter dans son berceau sur la montagne de fleurs, vous pourrez même rester aux environs, pour être spectateur de la fête qui se passera. Le roi lui dit que dans huit jours il irait avec la reine, qu'elle en avertît ses sœurs les fées.

Dès qu'il fut de retour au palais, il renvoya querir la reine, avec autant de tendresse et de pompe qu'il l'avait fait mettre prisonnière avec colère et emportement. Il la pria, les larmes aux yeux, d'oublier les déplaisirs qu'il venait de lui causer. Elle répliqua qu'elle se les était attirés par l'imprudence qu'elle avait eue de promettre sa fille aux fées; et que si quelque chose la pouvait rendre excusable, c'était l'état où elle était; enfin il lui déclara qu'il voulait me remettre entre leurs mains. La reine à son tour combattit ce dessein. Après qu'elle eut bien gémi et pleuré, sans rien obtenir de ce qu'elle souhaitait, elle consentit à ce qu'il désirait, et l'on prépara tout pour la cérémonie.

Je fus mise dans un berceau de nacre de perle, et toute la cour m'accompagna, chacun dans son rang.

Pendant que l'on montait la montagne, on entendit une mélodieuse symphonie qui s'approchait; enfin les fées parurent, au nombre de trente-six. Elles portaient une branche d'olivier, pour signifier au roi que sa soumission trouvait grâce devant elles; et lorsqu'elles me tinrent, ce furent des caresses si extraordinaires, qu'il semblait qu'elles ne voulaient plus vivre que pour me rendre heureuse.

Le dragon qui avait servi à les venger contre mon père, venait après elles attaché avec des chaînes de diamants. Les trois fées à qui ma mère m'avait promise, s'assirent dessus, mirent mon berceau au milieu d'elles, et frappant le dragon avec une baguette, il déploya aussitôt ses grandes ailes écaillées; elles se rendirent ainsi à leur château. Ma mère me voyant en l'air exposée sur ce furieux dragon, ne put s'empêcher de pousser de grands cris. Le roi la consola, par l'assurance que son amie lui avait donnée, qu'il ne m'arriverait aucun accident. Elle s'apaisa, bien qu'il lui fût très douloureux de me perdre pour si longtemps, et d'en être la seule cause; car si elle n'avait pas voulu manger les fruits du jardin, je serais demeurée dans le royaume de mon père, et je n'aurais pas eu tous les déplaisirs qui me restent à vous raconter.

Sachez donc, fils de roi, que mes gardiennes avaient bâti exprès une tour, dans laquelle on trouvait mille beaux appartements pour toutes les saisons de l'année, des meubles magnifiques, des livres agréables; mais il n'y avait point de porte, et il fallait toujours entrer par les fenêtres, qui étaient prodigieusement hautes. L'on trouvait un beau jardin sur la tour, orné de fleurs, de fontaines et de berceaux de verdure. Ce fut en ce lieu que les fées m'élevèrent avec des soins qui surpassaient tout ce qu'elles avaient promis à la reine. Elles m'apprenaient tout ce qui convenait à mon âge et à ma naissance, et comme je n'avais jamais vu qu'elles, je serais demeurée tranquille dans cette situation le reste de ma vie.

Elles venaient toujours me voir, montées sur le dragon dont j'ai déjà parlé; elles me nommaient leur fille et je croyais l'être. Personne au monde ne restait avec moi dans la tour, qu'un perroquet et un petit chien qu'elles m'avaient donnés pour me divertir, car ils parlaient à merveille.

Un des côtés de la tour était bâti sur un chemin creux, plein d'ornières et d'arbres qui l'embarrassaient; de sorte que je n'y avais aperçu personne depuis qu'on m'avait enfermée. Mais un jour, comme j'étais à la fenêtre, causant avec mon perroquet et mon chien, j'entendis quelque bruit. Je regardai de tous côtés, et j'aperçus un jeune cavalier qui s'était arrêté pour écouter notre conversation ; je n'en avais jamais vu qu'en peinture, de sorte que ne me défiant point du danger qui est attaché à la satisfaction de voir un objet aimable, je m'avançai pour le regarder. Il me fit une profonde révérence, et me parut très en peine de quelle manière il pourrait m'entretenir ; car il savait bien que j'étais dans le château des fées.

La nuit vint presque tout d'un coup, ou, pour parler plus juste, elle vint sans que nous nous en aperçussions ; il sonna deux ou trois fois du cor, puis il partit sans que je pusse même distinguer de quel côté il allait, tant l'obscurité était grande. Je restai très rêveuse ; je ne sentis plus le même plaisir que j'avais toujours pris à causer avec

mon perroquet et mon chien. Perroquet le remarqua ; il était fin, il ne témoigna rien de ce qui lui roulait dans la tête.

Je ne manquai pas de me lever avec le jour. Je courus à

ma fenêtre ? je demeurai agréablement surprise d'apercevoir au pied de la tour le jeune chevalier. Il me parla avec une espèce de trompette qui porte la voix, et, par son secours, il me demanda si je trouverais bon qu'il vînt tous les jours à la même heure sous mes fenêtres, et que si je le voulais bien, je lui jetasse quelque chose. J'avais une bague de turquoise, je la lui jetai avec beaucoup de précipitation, lui faisant signe de s'éloigner en diligence ; c'est que j'entendais de l'autre côté la fée Violente qui montait sur son dragon pour m'apporter à déjeuner.

La première chose qu'elle dit en entrant, ce furent ces mots : Je sens ici la voix d'un homme, cherche, dragon. Oh ! que devins-je ! j'étais transie de peur qu'il ne passât par l'autre fenêtre, et qu'il ne suivît le chevalier pour lequel je m'intéressais déjà beaucoup. En vérité, dis-je, ma bonne maman, vous plaisantez quand vous me dites que vous sentez la voix d'un homme : est-ce que la voix sent quelque chose ? et quand cela serait, quel est le mortel assez téméraire pour hasarder de monter dans cette tour ? — Ce que tu dis est vrai, ma fille, répondit-elle ; je suis ravie de te voir raisonner si joliment. Elle me donna mon déjeuner et ma quenouille. Quand tu auras mangé, ne manque pas de filer, car tu ne fis rien hier, me dit-elle, et mes sœurs se fâcheraient.

Dès qu'elle fut partie, je jetai la quenouille et montai sur la terrasse, pour découvrir de plus loin la campagne. J'avais une lunette d'approche excellente ; rien ne bornait ma vue, je regardais de tous côtés, lorsque je découvris mon chevalier sur le haut d'une montagne ; il était entouré d'une fort grosse cour. Je ne doutai point que ce ne fût le fils de quelque roi voisin. Comme je craignais que s'il revenait à la tour il ne fût découvert par le terrible dragon, je vins prendre mon perroquet, et lui dis de voler jusqu'à cette montagne, qu'il y trouverait celui qui m'avait parlé, et qu'il le priât de ma part de ne plus revenir, parce que j'appréhendais la vigilance de mes gardiennes, et qu'elles ne lui fissent un mauvais tour.

Perroquet s'acquitta de sa commission en perroquet d'esprit. Chacun demeura surpris de le voir venir à tire d'ailes se percher sur l'épaule du prince, et lui parler tout bas à l'oreille. Le prince ressentit de la joie et de la peine de cette ambassade. Il fit cent questions à Perroquet, et Perroquet lui en fit cent à son tour, car il était naturellement curieux. Le roi le chargea d'une bague pour moi, à la place de ma turquoise ; elle était taillée en cœur avec des diamants. Il est juste, ajouta-t-il, que je vous traite en ambassadeur : voilà mon portrait que je vous donne, ne le montrez qu'à votre charmante maîtresse. Il lui attacha sous son aile son portrait, et il apporta la bague dans son bec.

J'attendais le retour de mon petit courrier vert avec une grande impatience. Il me dit que celui à qui je l'avais envoyé était un grand roi, qu'il l'avait reçu le mieux du monde, et que je pouvais m'assurer qu'il ne voulait plus vivre que pour moi ; qu'encore qu'il y eût beaucoup de péril à venir au bas de ma tour, il était résolu à tout, plutôt que de renoncer à me voir. Ces nouvelles m'intriguèrent fort, je me pris à pleurer. Les fées qui vinrent me voir s'en aperçurent. Elles se dirent l'une à l'autre que sans doute je m'ennuyais, et qu'il fallait songer à me trouver un époux de race fée. Elles parlèrent de plusieurs, et s'arrêtèrent sur le petit roi Migonnet, dont le royaume était à cinq cent mille lieues de leur palais; mais ce n'était pas là une affaire. Perroquet entendit ce beau conseil; il vint m'en rendre compte, et me dit : Ah! que je vous plains, ma chère maîtresse, si vous devenez la reine Migonnette! c'est un magot qui fait peur. — Est-ce que tu l'as vu, perroquet? Je le crois vraiment, continua-t-il, j'ai été élevé sur une branche avec lui. — Comment, sur une branche? repris-je. — Oui, dit-il, c'est qu'il a les pieds d'un aigle.

Un tel récit m'affligea étrangement, et je ne dormis point tant que la nuit dura. Perroquet et Toutou causèrent avec moi; je m'endormis un peu sur le matin; mais je m'éveillai bientôt et je courus à ma fenêtre, je vis le roi qui me tendait les bras, et qui me dit avec sa trompette, qu'il ne pouvait plus vivre sans moi, qu'il me conjurait de trouver les moyens de sortir de ma tour, ou de l'y faire entrer; qu'il attestait tous les dieux et tous les éléments, qu'il m'épouserait aussitôt, et que je serais une des plus grandes reines de l'univers.

Je commandai à Perroquet de lui aller dire que ce qu'il souhaitait me semblait presque impossible; que cependant sur la parole qu'il me donnait et les serments qu'il avait faits, j'allais m'appliquer à ce qu'il désirait.

Il se retira comblé de joie, par l'espérance dont je le flattais; et je me trouvai dans le plus grand embarras du monde, lorsque je fis réflexion à ce que je venais de promettre. Comment sortir de cette tour, où il n'y avait point de portes, et n'avoir pour tout secours que Perroquet et Toutou? je pris donc la résolution de ne point tenter une chose où je ne réussirais jamais, et je l'envoyai dire au roi par Perroquet. Il voulut se tuer à ses yeux; mais enfin il le chargea de me persuader, ou de le venir voir mourir, ou de le soulager.

Quand il me rendit compte de ce qui s'était passé, je m'affligeai plus que je ne l'eusse encore fait. La fée Violente vint, elle me trouva les yeux enflés et rouges; elle dit que j'avais pleuré, et que si je ne lui en avouais pas le sujet, elle me brûlerait; car toutes ses menaces étaient toujours terribles. Je répondis en tremblant que j'avais envie de petits filets pour prendre des oisillons qui venaient becqueter les fruits de mon jardin. Ce que tu souhaites, ma fille, me dit-elle, ne te coûtera plus de larmes, je t'apporterai des cordelettes, tant que tu en voudras. Et en effet j'en eus le soir même; mais elle m'avertit de songer moins à travailler qu'à me faire belle, parce que le roi Migonnet devait arriver dans peu. Je frémis à ces fâcheuses nouvelles, et ne répliquai rien.

Dès qu'elle fut partie, je commençai deux ou trois morceaux de filets; mais ce à quoi je m'appliquai, ce fut à faire une échelle de corde, qui était très bien faite, sans en avoir jamais vue. Il est vrai que la fée ne m'en fournissait pas autant qu'il m'en fallait, et sans cesse elle me disait: Mais, ma fille, ton ouvrage n'avance point, et tu ne te lasses pas de me demander de quoi travailler. — Oh! ma bonne maman! disais-je, avez-vous peur que je ne vous ruine en ficelle? Mon air de simplicité la réjouissait, bien qu'elle fût d'une humeur très désagréable et très cruelle.

J'envoyai Perroquet dire au roi de venir un soir sous les fenêtres de la tour, qu'il y trouverait l'échelle, et qu'il saurait le reste quand il serait arrivé. En effet, je l'attachai bien ferme, résolue de me sauver avec lui; mais quand il la vit, il monta avec empressement, et se jeta dans ma chambre comme je préparais tout pour ma fuite.

Sa vue me donna tant de joie, que j'en oubliai le péril où nous étions. Il renouvela tous ses serments; et me conjura de ne point différer de le recevoir pour mon époux; nous prîmes Perroquet et Toutou pour témoins de notre mariage. Jamais noces ne se sont faites, entre des personnes si élevées, avec moins d'éclat et de bruit, et jamais cœurs n'ont été plus contents que les nôtres.

Le jour n'était pas encore venu, quand le roi me quitta; je lui racontai l'épouvantable dessein des fées de me marier au petit Migonnet; je lui dépeignis sa figure, dont il eut autant d'horreur que moi. A peine fut-il parti, que les heures me semblèrent aussi longues que des années; je courus à la fenêtre, je le suivis des yeux malgré l'obscurité; mais quel fut mon étonnement de voir en l'air un chariot de feu traîné par des salamandres ailées, qui faisaient une telle diligence, que l'œil pouvait à peine le suivre! Ce chariot était accompagné de plusieurs gardes montés sur des autruches. Je n'eus pas assez de loisir pour bien considérer le magot qui traversait ainsi les airs; mais je crus aisément que c'était une fée ou un enchanteur.

Peu après la fée Violente entra dans ma chambre : Je t'apporte de bonnes nouvelles, me dit-elle, ton fiancé est arrivé depuis quelques heures ; prépare-toi à le recevoir ; voici des habits et des pierreries. — Eh ! qui vous a dit, m'écriai-je, que je voulais être mariée ? ce n'est point du tout mon intention ; renvoyez le roi Migonnet, je n'en mettrais pas une épingle davantage : qu'il me trouve belle ou laide, je ne suis point pour lui. — Ouais, ouais, dit la fée en colère, quelle petite révoltée ! quelle tête sans cervelle ! je n'entends pas raillerie, et je te...... — Que me ferez-vous ? répliquai-je. Peut-on être plus tristement nourrie que je le suis, dans une tour avec un perroquet et un chien ? — Ah ! petite ingrate, dit la fée, méritais-tu tant de soins et de peines ? Je ne l'ai que trop dit à mes sœurs, que nous en aurions une triste récompense. Elle fut les trouver, et leur raconta notre différend ; elles restèrent aussi surprises les unes que les autres.

Je me sentais si fière de posséder le cœur d'un grand roi, que je méprisais les fées. Je ne m'habillai point, et j'affectai de me coiffer de travers, afin que Migonnet me trouvât désagréable. Notre entrevue se fit sur la terrasse. Il y vint dans son chariot de feu : jamais, depuis qu'il y a des nains, il ne s'en est vu un si petit. Il marchait sur ses pieds d'aigle, et se soutenait sur deux béquilles de diamant. Son manteau royal n'avait qu'une demi-aune de long, et traînait de plus d'un tiers. Sa tête était grosse comme un boisseau, et son nez si grand, qu'il portait dessus une douzaine d'oiseaux dont le ramage le réjouissait : ses oreilles passaient d'une coudée au-dessus de sa tête; mais on s'en apercevait peu, à cause d'une haute couronne pointue qu'il portait pour paraître plus grand. La flamme de son chariot rôtit les fruits, sécha les fleurs, et tarit les fontaines de mon jardin. Il vint à moi, les bras ouverts pour m'embrasser, je me tins fort droite, il fallut que son premier écuyer le haussât; mais aussitôt qu'il s'approcha, je m'enfuis dans ma chambre, dont je fermai la porte et les fenêtres, de sorte que Migonnet se retira chez les fées, très indigné contre moi.

Elles lui demandèrent mille fois pardon de ma brusquerie, et pour l'apaiser, car il était redoutable, elles résolurent de l'amener la nuit dans ma chambre pendant que je serais au lit, de m'attacher les pieds et les mains pour me

mettre avec lui dans son brûlant chariot. La chose ainsi arrêtée, elles me grondèrent à peine des brusqueries que j'avais faites, et me quittèrent. — Savez-vous bien, ma maîtresse, dit mon chien, que le cœur ne m'annonce rien de bon? Je me moquai de ses alarmes, et j'attendis mon cher époux; il vint bientôt, et je lui jetai l'échelle de corde, bien résolue de m'en retourner avec lui : il monta légèrement, et me dit des choses fort aimables.

Comme nous parlions ensemble avec la même tranquillité que nous aurions eue dans son palais, nous vîmes enfoncer tout d'un coup les fenêtres de ma chambre. Les fées entrèrent sur leur terrible dragon; Migonnet les suivait dans son chariot de feu, et tous ses gardes avec leurs autruches. Le roi, sans s'effrayer, mit l'épée à la main, et ne chercha qu'à me garantir de la plus furieuse aventure qui se soit jamais passée; car enfin, vous le dirai-je, seigneur, ces barbares créatures poussèrent leur dragon sur lui, et à mes yeux il le dévora.

Désespéré de son malheur et du mien, je me jetai dans la gueule de cet horrible monstre, voulant qu'il m'engloutît, comme il venait d'engloutir tout ce que j'aimais au monde. Il le voulait bien aussi; mais les fées, encore plus cruelles que lui, ne le voulurent pas. Il faut, s'écrièrent-elles, la réserver à de plus longues peines, une prompte mort est trop douce pour cette indigne créature. Elles me touchèrent, je me vis aussitôt sous la figure d'une Chatte blanche; elles me conduisirent dans ce superbe palais, qui était à mon père; elles métamorphosèrent tous les seigneurs et toutes les dames du royaume en chats et en chattes; elles en laissèrent à qui l'on ne voyait que les mains; et me réduisirent dans le déplorable état où vous me voyez, en me faisant savoir que je ne serais délivrée de ma chatonique figure, que par un prince qui ressemblerait parfaitement à l'époux qu'elles m'avaient ravi. C'est vous, seigneur, qui avez cette ressemblance, j'en fus frappée aussitôt que je vous vis; j'étais informée de tout ce qui devait arriver, et je le suis encore de tout ce qui arrivera, mes peines vont finir. — Et les miennes, belle reine, dit le prince, en se jetant à ses pieds, seront-elles de longue durée? — Je vous aime déjà plus que ma vie, seigneur, dit la reine, il faut partir pour aller vers votre père, nous verrons ses sentiments pour moi, et s'il consentira à ce que vous désirez.

Elle sortit, le prince lui donna la main, elle monta dans un chariot avec lui : il était beaucoup plus magnifique que ceux qu'il avait eus jusqu'alors. Le reste de l'équipage y répondait à tel point, que les mors des chevaux étaient d'émeraudes, et les clous de diamants. Cela ne s'est peut-être jamais vu que cette fois-là. Je ne dis point les agréables conversations que la reine et le prince avaient ensemble ; si elle était unique en beauté, elle ne l'était pas moins en esprit, et ce jeune prince était aussi parfait qu'elle ; de sorte qu'ils pensaient des choses toutes surprenantes.

Lorsqu'ils furent près du château, où les deux frères aînés du prince devaient se trouver, la reine entra dans un petit rocher de cristal, dont toutes les pointes étaient garnies d'or et de rubis. Il y avait des rideaux tout autour, afin qu'on ne la vît point, et il était porté par de jeunes hommes très bien faits et superbement vêtus. Le prince demeura dans le beau chariot, il aperçut ses frères qui se promenaient avec des princesses d'une excellente beauté. Dès qu'ils le reconnurent, ils s'avancèrent pour le recevoir, et lui demandèrent s'il amenait une belle dame : il leur dit qu'il avait été si malheureux, que dans tout son voyage il n'en avait rencontré que de très laides; que ce qu'il apportait de plus rare, c'était une petite Chatte blanche. Ils se prirent à rire de sa simplicité. Une Chatte! lui dirent-ils, avez-vous peur que les souris ne mangent notre palais. Le prince répliqua qu'en effet il n'était pas sage de vouloir faire un tel présent à son père; là-dessus chacun prit le chemin de la ville.

Les princes aînés montèrent avec leurs princesses dans des calèches toutes d'or et d'azur, leurs chevaux avaient sur leurs têtes des plumes et des aigrettes; rien n'était plus brillant que cette cavalcade. Notre jeune prince allait après, et puis le rocher de cristal, que tout le monde regardait avec admiration.

Les courtisans s'empressèrent de venir dire au roi que les trois princes arrivaient : Amènent-ils de belles dames? répliqua le roi. — Il est impossible de rien voir qui les surpasse. A cette réponse il parut fâché. Les deux princes s'empressèrent de monter avec leurs merveilleuses princesses. Le roi les reçut très bien, et ne savait à laquelle donner le prix; il regarda son cadet, et lui dit : Cette fois-ci, vous venez donc seul? — Votre majesté verra dans ce rocher une petite Chatte blanche, répliqua le prince, qui miaule si doucement, et qui fait si bien patte de velours, qu'elle lui agréera. Le roi sourit, et fut lui-même pour ouvrir le rocher; mais aussitôt qu'il s'approcha, la reine, avec un ressort, en fit tomber toutes les pièces, et parut comme le soleil qui a été quelque temps enveloppé dans une nue. Ses cheveux blonds étaient épars sur ses épaules, ils tombaient par grosses boucles jusqu'à ses pieds. Sa tête était ceinte de fleurs, sa robe d'une légère gaze blanche, doublée de taffetas couleur de rose ; elle se leva et fit une profonde révérence au roi, qui ne put s'empêcher, dans l'excès de son admiration, de s'écrier : Voici l'incomparable et celle qui mérite ma couronne.

—Seigneur, lui dit-elle, je ne suis pas venue pour vous arracher un trône que vous remplissez si dignement ; je suis née avec six royaumes, permettez que je vous en offre un, et que j'en donne autant à chacun de vos fils. Je ne vous demande pour toute récompense que votre amitié, et ce jeune prince pour époux. Le roi et toute la cour poussèrent de longs cris de joie et d'étonnement. Le mariage fut célébré aussitôt, aussi bien que celui des deux princes ; de sorte que toute la cour passa plusieurs mois dans les divertissements et les plaisirs. Chacun ensuite partit pour aller gouverner ses états ; la belle Chatte blanche s'y est immortalisée, autant par ses bontés et ses libéralités, que par son rare mérite et sa beauté.

> Ce jeune prince fut heureux
> De trouver en sa Chatte une auguste princesse,
> Digne de recevoir son encens et ses vœux,
> Et prête à partager ses soins et sa tendresse :
> Quand deux yeux enchanteurs veulent se faire aimer,
> On fait bien peu de résistance,
> Surtout quand la reconnaissance
> Aide encore à nous enflammer.

Tairai-je cette mère, et cette folle envie
Qui fit à Chatte blanche éprouver tant d'ennuis,
    Pour goûter de funestes fruits?
Au pouvoir d'une fée elle la sacrifie.
Mères, qui possédez des objets pleins d'appas,
Détestez sa conduite, et ne l'imitez pas.

Imprimerie de Gustave GRATIOT, 11, rue de la Monnaie.

Imprimerie de G. Gratiot.

www.ingramcontent.com/pod-product-compliance
Lightning Source LLC
Chambersburg PA
CBHW070542160426
43199CB00014B/2340